GW01605688

William Layton

¿POR QUE?

TRAMPOLIN DEL ACTOR

Con la colaboración de

JOSE CARLOS PLAZA

JUAN ANTONIO LÓPEZ ESTEVE

EDITORIAL FUNDAMENTOS

ISBN: 84-245-0566-2
Depósito Legal: M-37691-1990
Impreso en España. Printed in Spain
Impreso por Tecnigrafi. Polígono El Nogal. Algete. 28110 Madrid
Compuesto por Francisco Arellano. Juan de Olías, 11-13. Madrid

Fotografía portada: © José Luis López Linares
Diseño cubierta: Fernando Fernandez

A Sanford Meisner,
que me enseñó lo que es
la interpretación.

William Layton (Estados Unidos). Titulado por University of Colorado, American Academy of Dramatic Art, American Theatre Wing, Alfred Dixon Speech Institute, Neighborhood Playhouse.

Ha desarrollado una polifacética labor como actor, director, profesor, escritor y conferenciante.

Como Actor:

En New York: *Summer and Smoke, Command Decision, Duchess of Malfi, Mr. Big, American Way, The Man Who Came to Dinner, Glass Menagerie.* En Londres: *Our Town.* En Madrid: (Cine) *Siempre es domingo, Lola espejo oscuro, Las que tienen que servir, Esa mujer, Los que tocan el piano, La vida sigue igual, Campanas del infierno, El trasplante, Casa sin fronteras, La conquista de Albania, La letra escarlata, La cólera del viento, Los nuevos españoles, F.N.E., Baden-Baden, Bearn, Lluvia de Otoño.* En inglés: *The Shoot, Voyages With My Aunt, Town Called Bastard, Man in the Wildernness, Autumn Rain.* TV: dieciséis programas.

Como Director:

En New York: *Naked* (Pirandello), *Autum Crocus,* Cragsmoor Theatre, American Academy. Teatro español en New York: *Los árboles mueren de pie, El caso de la mujer asesinadita, La señora estupenda.* En España: *La caja de arena, Historia del Zoo, Noche de Reyes, Ligero dolor, Mambrú, Tío Vania, El cero transparente, La más fuerte, El jardín de los cerezos, La casamentera, Largo viaje hacia la noche.* Co-Director del Teatro Español en 1988. Asesor de dirección en *Hamlet* y *La Orestiada* en 1990. Ha recibido los premios «Mejor director del año»: Espectador y la Crítica, Radio Juventud, *Pueblo.*

Como Profesor:

En New York: American Academy of Dramatic Art, American Theatre Wing, Actors Lab. En Madrid: Real Escuela de Arte Dramático, Escuela Oficial de Cine, William Layton Laboratorio de Teatro, Cofundador del Teatro Estudio Madrid, TEI, Pequeño Teatro, TEC.. Barcelona: Instituto de Teatro.

Ha adaptado al inglés: *Naked, El caso de la mujer asesinadita, La señora estupenda, Cornudo y contento, Retablo jovial, Viviendo en las nubes, El canto de la cigarra* (Broadway, N.Y., 1967). Traducciones al español: *La caja de arena, Historia del Zoo, Mambrú, Ligero dolor, El jardín de los cerezos.*

Como Conferenciante:

World Theatre Congress (Essen, RFA), Teatro Arena (New York), Teatro Ateneo (Bilbao), Conservatorio (San Sebastián), Teatro Beatriz (Madrid), Internacional Theatre Festival Cervantino (México).

Ha visto premiada su larga y fructífera dedicación al teatro con la Medalla de Oro del Mérito en la Bellas Artes 1989.

Corría el año 1960 cuando un muchacho de dieciséis años, con el ansia de ser el mejor actor del mundo y con el monólogo de "Hamlet" aprendido de memoria para demostrarlo, entró, casi por casualidad, en un aula de una escuela privada llamada T.E.M. (Teatro Estudio Madrid). Sin saber muy a ciencia cierta qué era aquello se sentó y casi inmediatamente un profesor americano, que no se explicaba muy bien a causa del idioma, le eligió para que saliera. Nuestro aspirante a actor, tragó saliva, repasó en su mente a toda velocidad aquello de "Ser o no ser" y se levantó. Pero aquel señor no le pidió que representara Hamlet (¡Con lo bien que se lo sabía!) sino que le entregó un papel mecanografiado y le dijo: "Cópialo, mejog que ser capaz tú". Nuestro actor, creyendo que aquello formaba parte de algún requisito del ingreso, se esforzó por copiarlo a la perfección. Cuando estaba haciéndolo, otra de las personas de la clase se le acercó y le pidió cien pesetas. Naturalmente, se las dio pensando que era parte de la matrícula o algo así.

En ese momento el señor americano le dijo:

— ¿POR QUE? ¿Por qué te ha pedido las cien pesetas?

—No sé —le contestó.

"La próxima vez, en tu próximo ejercicio, averigua el porqué".

Hoy, treinta años más tarde, aquel muchacho, como tantos y tantos otros, continúa siendo alumno del Señor Layton.

José Carlos Plaza

PROLOGO

Es verdad que siempre ha habido varias maneras de hacer las cosas, pero también es verdad que hay maneras que han revolucionado el arte de hacer estas cosas, y han logrado que éstas nos conmuevan más, o nos parezcan más nobles, más claras, más profundas. Cada vez que sube el telón en un teatro del mundo occidental, Stanislavsky y Nemirovich-Danchenko están allí. En el Arte Dramático se habla siempre, y con razón, de antes y después de Stanislavsky. Porque todos los sistemas actuales de formación de actores tienen en sus raíces algo del "Sistema de Stanislavsky", el cual ha sido desarrollado en todos los países, según las necesidades y peculiaridades de cada cultura, desde aquella primera conmoción mundial que produjeron a principios de siglo la publicación de sus libros y los experimentos y producciones del Teatro de Arte de Moscú, hasta nuestros días.

El mismo Stanislavsky desaconsejó el seguimiento fanático e inflexible de sus libros. Pidió que no se consideraran como biblias, sino todo lo más como guías. Uno de sus mayores logros fue conseguir que gente preparada por él fuera capaz de descubrir sus propios sistemas. Vajtangov o Meyerhold, sus más importantes alumnos, cada uno con su personalidad y talento artístico, exploraron áreas muy diferentes y ampliaron el mundo de la interpretación.

Una enseñanza sana es, a mi juicio, aquélla que se toma a sí misma como punto de partida y no como dogma de fe, aquélla que tiene lugar en un proceso de crecimiento orgánico y vivo, y está abierta a las circunstancias sociales en que este proceso se desarrolla.

¿Y en España?

He tenido la suerte de formar parte de uno de estos procesos aquí, en España, y esta es la razón que me movió a escribir estas páginas: intentar comunicar clara y concretamente los pasos que seguimos en nuestro proceso y su resultado. Para que pueda servir como otra posible guía. Nada más.

Ningún sistema, ningún profesor del mundo pueden crear talento. "Todo árbol es madera, pero el pino no es caoba". Es imposible crear "el duende", "la inspiración", pero sí es posible crear las condiciones favorables para su aparición. Stanislavsky dijo: "Puedo cultivar frutales, no hacer la fruta". En otras palabras, una buena técnica, bien aprendida, puede ayudar al actor para que su talento florezca. Así como los manuales para un ingeniero son para éste una referencia fundamental para escoger la tubería y el modo con que llegar a un rico pozo de gas natural y conseguir que éste salga "controlado" (controlado en la medida que se desea y no salvajemente, sin dirección ni finalidad), así nuestra técnica es para el actor un instrumento precioso para librarle de las inhibiciones y hábitos destructivos que bloqueen o puedan bloquear la libre salida de su talento, y ayudarle a dar vida, y un comportamiento "orgánico", a un personaje. "La suerte sólo llama a la puerta de la mente preparada", como dijo Alexander Fleming. Así que olvidémonos de ella y apoyémonos en el mejor trampolín que es una sólida técnica para que cuando volemos en brazos de la "inspiración" sea más alto nuestro punto de partida y nos sintamos más seguros a lo largo del proceso creativo.

La forma de trabajo que representa este libro, ya sea

éste para ti un primer manual o una guía completa de tu técnica, es lo que se ha dado en llamar y acaso conoces por "El Método". Para mí el nombre no tiene importancia. Creo que hay tantos buenos métodos como buenos profesores. En todo caso éste sería *un medio*, o, mejor, una técnica, *la técnica de la improvisación, "an improvisational approach to acting". "Un acercamiento por medio de la improvisación a la interpretación"*. Hay varias maneras de hacer las cosas y ésta es una de esas maneras. . .

William Layton

CAPITULO 1

PRIMERA ETAPA

¿QUE ES LA TECNICA DE IMPROVISACION?

La verdad es que sería más fácil decirte lo que no es. No es la invención de unas escenas interesantes para divertir al público, aunque —de hecho— podría usarse, y con grandes resultados, para ello. (En ella se basa el trabajo de los *stand up comedians* de los "Night Clubs" americanos y el de ciertos humoristas de nuestras Salas de Fiestas —por ejemplo, el de la excelente pareja Tip y Coll.) LA TECNICA DE LA IMPROVISACION... es la capacidad de vivir real y sinceramente situaciones imaginarias.

Vivir realmente: es aprender a vivir lo que está pasando en este momento, no lo que debe pasar sino lo que pasa, no lo preconcebido sino lo que ocurre aquí y ahora. Captar lo que sucede a mi alrededor y actuar conforme a esas provocaciones.

Vivir sinceramente: es aprender a vivir en escena desde mi propio yo, desde mi verdad y mi conocimiento emocional. A menudo los seres humanos ignoran totalmente la riqueza y posibilidades de su propio mundo interior. Los demás piensan que somos de una manera, nosotros nos damos de otra y creemos que somos de una distinta. Pero cuántas veces pensamos: "Jamás creí que *yo* pudiera hacer esto", etc. ¿Quién no ha matado con el pensamiento? ¿A quién no han matado en sueños? Ese potencial de posibilidades de acción, de emoción o de maneras de pensar es ilimitado, y una gran parte de nuestra técnica va dirigida al descubrimiento y uso de ese potencial —lo que madurará inevitablemente nuestra personalidad—, de la misma manera que la gimnasia lo hace con nuestros músculos, la música con nuestro oído, o los ejercicios de piano con nuestra agilidad manual.

Situaciones Imaginarias: El teatro parte de la realidad, pero no es la realidad, por ello los ejercicios se realizan en situaciones inventadas, al principio cercanas a la realidad del alumno, pero sujetas a normas dramáticas que puedan producir la ilusión de la realidad.

El objetivo de esta técnica es la formación de actores que cuando se suban a un escenario se comporten orgánicamente, es decir, que escuchen de verdad, miren de verdad, hablen de verdad y reaccionen de verdad ante unas circunstancias dadas y una situación que, naturalmente, no son verdad, son imaginarias. Y ello para poder dar al público la sensación de que lo que está pasando pasa aquí y ahora, y por primera vez (podemos añadir que por primera y única vez). No es lo mismo que lo que pasa en el cine, en que cualquier película, una vez terminada, es igual a sí misma en toda proyección, cada función de teatro vivo es distinta a la anterior, como cada día es diferente al anterior, aunque ocurran las mismas cosas. Cuando los actores tratan de repetir lo que han hecho la noche anterior, el teatro deja de ser un arte porque deja de ser teatro vivo. Este es, pues, nuestro gran objetivo:

Los ejercicios que se explican en estas notas exigen una intensa *concentración* (palabra clave en la técnica) y para ello es necesario disciplina. Si no fuera porque sé que es una "palabrota" para los latinos, insistiría en el enorme valor que tiene la disciplina, la autodisciplina, para un actor, para cualquier artista. Impuesta al principio, la *autodisciplina* es un objetivo fundamental en nuestra Técnica, que vamos a desarrollar en tres etapas:

LAS TRES ETAPAS

1ª etapa: Improvisaciones Libres

Basadas en la experiencia personal del actor, buscando sus propias sensaciones, emociones, ideas, experiencias. Trabajando con uno mismo y el entorno social en que se desenvuelve.

2ª etapa: Improvisaciones sobre Escenas

Basadas en "arreglos" derivados del estudio de la escena, como se explicará más adelante, encaminados a descubrir el comportamiento del personaje dentro de uno mismo. Estos arreglos trasladan lo esencial de la escena al mundo personal del actor. No es lo que yo haría si fuera el personaje sino *¿qué circunstancias tendrían que darse en mi vida para que yo me comportase como el personaje?*

Que dividimos en dos clases:

1. *con texto inventado*
2. *con texto del autor*

basadas en los esquemas de la técnica, de las etapas anteriores, pero usando el texto del autor. Buscando el comportamiento del personaje descubierto en la etapa anterior, tratando de crear la sensación de que lo que ocurre, ocurre por primera vez.

Como habrás notado, la incorporación del personaje sólo ocurre en la Tercera Etapa. En el momento en que tengas dominada la técnica, será cuando podamos enfrentarnos al estudio de las buenas obras de teatro y analizar con rigor el fondo de cada personaje, para extraer lo esencial de cada situación, inventado Situaciones Imaginarias basadas en esa esencia y relacionadas con el mundo personal del actor. Finalmente incorporaremos el personaje, pero conservando la cualidad de una improvisación para comunicar la ilusión de que esa situación está ocurriendo por primera vez ante los ojos del espectador.

Añadiré al final de estas notas unos conceptos sobre análisis de texto, de subtexto y las intenciones. Así como, también, mis ideas sobre la preparación de un ensayo y un ejemplo de Trabajo de Mesa.

¿QUE ES ESCUCHAR EN EL ESCENARIO?

Lo principal es entender la diferencia que hay, para nosotros, entre oír y escuchar. Escuchar con los cinco sentidos y la mente muy abierta, no sólo con el oído, es encontrar la significación de lo que se oye, mientras "pasa por el filtro" de tu propia personalidad y de tus propias necesidades. El oído es un mero transmisor hacia el cerebro de lo que oímos desde el exterior. Pero esos sonidos o esas palabras tienen que incidir en nosotros con una significación especial que nos hace reaccionar. A esta unión de acción exterior más la significación personal y la consiguiente reacción, es lo que la técnica llama ESCUCHAR.

Cada persona reacciona de una manera peculiar. Estas diferentes reacciones son las que descubren un carácter. Pensemos, por ejemplo, en un sonido común, el ruido del tráfico: generalmente no tiene ya casi significación para las gentes de una gran ciudad, de tanto oírlo; a veces, cuando es excesivo provoca en alguna persona un determinado gesto de hastío o malestar; pero pensemos ahora en un preso que ha pasado los últimos diez años de su vida en un penal alejado de la ciudad e imagínate su reacción al oír el tráfico otra vez. Yo noto enseguida si el actor sabe "escuchar" en el escenario; es para mí la marca de un buen actor. La técnica nos pide que trabajemos siempre, valga la imagen de un televisor portátil, con las "antenas" limpísimas y desplegadas, es decir, relajados, activos, en alerta, dispuestos siempre a dejarnos provocar por todo y lo primero que hallemos, y con la mente alerta para recibirlo. (John Gielgud utiliza esta imagen: "Si noto que no estoy bastante relajado en el escenario, empiezo a escuchar como lo hace un ciego, que no sabe de dónde viene lo que oye y levanta la cabeza como un gorrión".)

Parece sencillo, ¿no? Sí, desde fuera la Técnica es, sin duda, algo muy sencillo, sólo pide unos meses de estudio para captar que es mucho más complicado de lo que parece; claro que una vez que la has hecho tuya, que la has asimilado, resulta, otra vez, muy sencillo. No te preocupes, pero tendrás que reaprender a ver y escuchar, a comportarse como lo haces espontáneamente en tu vida. En los primeros ejercicios lo harás desde tu propio yo; más adelante irás ampliando este campo al conocerte más y mejor. Posteriormente, al desarrollar esta técnica, irás comprendiendo el carácter y el ritmo del pensamiento de un personaje, su manera de escuchar. Llegar hasta aquí te llevará mucho tiempo y trabajo, muchos ejercicios, desalientos y agradables sorpresas. Así que... paciencia.

Si durante una clase un objeto cae inesperadamente a nuestros pies produciendo un sonido, nuestro cuerpo se sobresalta, reacciona. Lo ha hecho sin querer, de manera refleja, "sinceramente". No ha hecho como que se sobresaltaba, se ha sobresaltado. A cualquier acción contestamos con una reacción. Esto, que a todos resulta tan obvio, es una de las grandes bases de la Técnica. Si observas con atención un objeto o una persona, el objeto o la persona provocará una reacción en ti. El segundo paso y no menos importante es: ¿POR QUE estabas escuchando? ¡Ya están aquí los famosos PORQUES! Si estuviera en una de mis clases tu respuesta, seguramente, sería: "—Le estoy escuchando porque me interesa aprender... " o "... porque quiero conocer..." o "... porque deseo comprender..." Me interesa, quiero, DESEO: he aquí otra de nuestras palabras claves.

EN NUESTRA TECNICA ES FUNDAMENTAL APRENDER A DESEAR, DESEAR ALGO INTENSAMENTE EN SITUACIONES IMAGINARIAS.

Desear algo de alguien. Y, naturalmente, depender de ese alguien. Para conseguir tu deseo deberás captar, darte cuenta, notar, cómo está esa persona. (Un ejemplo obvio, pero muy clarificador es que si te das cuenta de que la persona con la que hablas es algo sorda, levantas la voz; o si ves que es extranjera, hablas más lento o utilizas las manos para hacerte entender. Has recibido su sordera y eso ha significado algo para ti y has reaccionado.)

Esta sería nuestra primera norma para los ejercicios y para tu futuro trabajo: RECIBIR DE LA OTRA PERSONA, concentrarte en los demás. Ahí radicará la raíz de la creación, tu punto de partida. "No hago ni digo nada sin estar provocado por lo que hace o no hace la otra persona". Dependo de los demás, no concentro en mí, sino en el otro.

EN POCAS PALABRAS: LA CONCENTRACION
FUERA DE TI MISMO;
ESPERAS UNA PROVOCACION
Y REACCIONAS.

Durante muchos ejercicios se insistirá en la necesidad de esperar para recibir del otro. Esto, además de desarrollar tus "antenas" para captar, hará que cualquiera que sea tu comportamiento venga como consecuencia del exterior y no de algo premeditado. Será un comportamiento *orgánico*, pues se producirá en ese momento concreto.

Una improvisación no es, ni quiere ser, un guión; es fatal "actuar" en ella conforme a una idea prefijada, imitar el desarrollo de alguna otra o buscar un resultado "interesante" previsto de antemano... ¡Fatal! "—Te voy a dar un gran papel, ¿preparada? Consiste en decir: —¡Ay! —¿Nada más? —No más." Entonces yo "hago" que tiro de tu pelo. De repente, tú gritas "—¡ay! —¡Oh, buenooo, ¡no estás recibiendo, *estás representando* tu concepto prefijado de dolor! Yo estaba fingiendo que te tiraba del pelo y tú no estabas ESCUCHANDO MI ACCION y, por eso, has hecho tu idea del dolor. Si tú hubieras *escuchado*, habrías captado mi juego y quizás tu reacción hubiese sido jugar conmigo o preguntarte ¿Qué hace este señor? o preguntarme a mí qué diablos pretendo con este falso gesto. Pero tú no has improvisado *la verdad orgánica* de ese momento." "—¿Hacemos otra prueba? —Vale" Entonces, yo te tiro del pelo suavemente... Tú, al sentir ese leve tirón, musitas levemente tu papel, es decir, tu "¡ay!". Ese texto y tu reacción sí son consecuencia directa de mi acción: "—¿Quieres que hagamos otra prueba más? —¡Bueno!" Y antes de que te hayas podido dar cuenta le doy un fuerte tirón a tu pelo. "—¡Aaaaaaaay!" "—¡Eso es! ¡Ya estás empezando a entender nuestra cadena de acción-reacción!" Y ante el estruendo de carcajadas que se produce, tú te echas a reír con los demás. Y no vengas ahora con aquello de que entonces Otelo tiene que matar a Desdémona en cada representación. ¡Pobre actriz! ¿verdad?

El buen teatro es una maravillosa mentira, bella pero mentira. Mentira que el público está dispuesto a creer, pero tenemos que convencerle y por eso hablamos de la ilusión de la verdad. La VIDA TEATRAL no es la vida cotidiana que asociamos a esas personas que pasan la mayor parte de sus vidas de una manera anodina y banal. El teatro es la esencia de algo extra, una fiesta, pero también es mentira. Mentira de la que nos servimos para comunicar nuestras verdades.

El teatro es la búsqueda continua de algo que ilumine la sorpresa y la tristeza de lo que es el hombre. Una buena meta es que el espectador salga del teatro transformado, por pequeña que sea esta transformación; hacerle reír, llorar, pensar... que reciba algo de manera que, consciente o inconscientemente, cuando salga del teatro no sea la misma persona que era al entrar.

La mentira del teatro: el buen público quiere perderse en el teatro, quiere que le convenzamos, y es el teatro (el grupo de personas que componen el hecho teatral) el que debe convencerle. Debe hacerle saltar por encima de esa mentira y no dejarle recordar su falsedad. El público quiere creer lo que está viendo, lo que está sucediendo, y por eso ha venido al teatro.

El actor debe creer, y hacer creer, la mentira del teatro para crear la ilusión de que lo que está pasando en el escenario, está sucediendo de verdad. No debe, como vemos tantas veces, comunicar al espectador: "qué bien represento esta mentira".

Otelo y Desdémona crearán la ilusión de matar, que es lo que el público busca creer, y como está metido en el argumento, puede creer en el acto de matar. El actor reproduce, vuelve a crear sus PORQUES, ie. las razones intelectuales, emocionales, sociales y sensoriales que le han llevado a ese acto, PORQUES que conoce por su estudio del personaje. La actriz creará la ilusión de la muerte (las emociones por lo que pierde o por lo que teme, la imagen sensorial del ahogo y la relajación muscular). Del control de ambos y de la concentración de uno en el otro, dependerá que podamos dejarnos engañar o no.

CONFLICTO

El hombre vive entre contradicciones: la noche y el día, lo consciente y lo inconsciente, lo femenino y lo masculino, el que da y el que recibe... el Protagonista y el Antagonista. Y aún así, si Otelo al escuchar las insinuaciones de Yago dijera: "Bueno ¿Y qué?". No habría obra, porque no habría conflicto.

El teatro es la síntesis de la verdad, esencia de la realidad. En dos horas de una buena obra de teatro habrá más crisis y conflictos que en la mayoría de las vidas de todos nosotros. Dos personas pueden estar relacionándose durante años sin que *sus deseos* (lo que quiere el uno del otro) entren en conflicto. Y, claro está, sólo se conocen superficialmente. Un buen día sus deseos salen a la luz y se enfrentan; en ese momento empezarán a conocerse de verdad. Una buena obra de teatro radiografía ese "buen día" para descubrir el verdadero carácter de sus personajes.

Conflicto significa lucha. Es la tensión entre dos partes para conseguir una meta. El CONFLICTO es el motor de lo dramático, de lo teatral. Es la manera de evitar lo casual, es decir, todo aquello que provoca la indiferencia.

En cualquier buena escena de cualquier obra nuestro trabajo se encamina hacia la búsqueda del conflicto. (La narrativa puede contar historias. El milagro del teatro es poder contarlas por boca de las personas que las están viviendo.) A veces, este conflicto es claro, está al descubierto, otras parece confuso y, a veces, está oculto, subterráneo. En ocasiones los personajes lo ocultan y en algunas ni ellos mismos lo saben, porque es inconsciente. Pero el actor y el director sí lo conocen. Recuerda que el personaje sabe mucho de lo que ha pasado hasta ahora, pero no sabe nada de lo que va a pasar durante la obra. Igual pasará en nuestro ejercicio de improvisación. Los dos actores saben mucho de lo que ha pasado entre ellos antes de empezar el ejercicio, pero no tienen, ni quieren tener, idea alguna de lo que va a pasar una vez empezada la improvisación. Lo que pasa durante una buena improvisación no tiene que producir la ilusión de la primera vez, porque ES LA PRIMERA VEZ.

A partir de ahora, iremos presentando, elemento a elemento, los puntos clave del ejercicio de improvisación. Y ello, a través de un ejemplo sencillo, hasta componer un primer esquema del mismo.

DESEO, OBJETIVO (¿PARA QUE?)

El ejemplo, que desarrollará el profesor con uno de vosotros, parte de esta circunstancia: el alumno quiere del profesor mil pesetas.

Nuestra primera pregunta, antes que nada, debe ser ¿POR QUE? ¿Por qué las necesitas? Tienes que justificar tu necesidad. Justificar es: ser una cosa la causa, motivo o explicación que hace que otra no sea o parezca extraña, inadecuada, inoportuna, censurable o culpable. Por ejemplo: ayer le dejé a ese profesor las mil pesetas para un taxi y él prometió devolvérmelas hoy. Yo las necesito. ¿Para que? Para acabar de pagar la matrícula del curso de interpretación. Una razón concreta, cercana a tu vida real. No necesitan ser verdaderas pero sí necesitan ser *personales*, que te digan algo, que signifiquen algo para ti; que activen tus impulsos, tus reacciones y emociones.

ELEGIR UNA RAZON, UN "PORQUE" QUE YA HA PASADO O QUE PODRIA HABER PASADO.

¿Quién no ha necesitado en algún momento mil pesetas? Hace unas semanas, ayer... o podría ser ahora mismo o mañana. Son razones que no tienen obligatoriamente que haber pasado, pero sí que tú las comprendas y puedas creer. Poco a poco irás viendo cómo la imaginación te ayudará más en la búsqueda de tus concretos que la vida cotidiana, pero al principio te será más fácil tomar ejemplos de tu vida diaria.

Por supuesto que todos tenemos imaginación, pero... ¡la usamos tan poco! Nuestra técnica tiende a desarrollar ese músculo que es la imaginación para ir haciéndola más y más poderosa, hasta que nos permita creer las más diversas Situaciones Imaginarias. La magia del buen actor es la imaginación unida a una técnica que pueda proyectarla:

NUESTRA IMAGINACION ES
FUENTE INAGOTABLE PARA LOS EJERCICIOS
Y, EN EL FUTURO, PARA TODO TU TRABAJO.

Pero de momento volvamos a nuestra vida cotidiana, recordando que vamos a hacer ejercicios y que las escenas están muy lejos aún. Ejercicios sencillos (recuerda que es una técnica para actores, no para autores) sobre situaciones conflictivas que han pasado, pueden pasar o pueden haber pasado; que sean significativas para ti, no que sean significativas convencionalmente. Trata de evitar siempre que las razones (TUS PORQUES) vengan de otra imaginación que no sea la tuya: novelas policíacas, reportajes de los periódicos o revistas, etc. Aunque tus razones puedan parecer menos interesantes ante los ojos de los demás, tú sabrás, sentirás que esas son las razones que te moverán, que activarán tu sensibilidad y pondrán en marcha tu organismo. Pueden no valer para otra persona, pero sí para ti. Además,

HAY MUY POCOS PORQUES UNIVERSALES,
LOS PERSONALES SON INFINITOS

En seguida te darás cuenta si los crees o no los crees, si tu imaginación acepta o no esas razones. Cada imaginación tiene su lógica y tú debes encontrar la tuya. En nuestro ejercicio de las mil pesetas, lo importante es que tú puedas creer que las necesitas y por una razón muy concreta. "¡Consíguelas! ¡No salgas de aquí sin ellas!"

Nuestra siguiente pregunta, antes de empezar, sería: ¿DE QUIEN las necesito? En este caso podría ser de mí, del profesor, de Layton. (¡Vaya problema! ¡Pedir mil pesetas a un profesor! Ya sé, ya sé que no es tan fácil creer en esto, pero es algo que debes pedir a tu imaginación: si lo logras habrás dado un paso importante para su fortalecimiento.) Por ejemplo: Layton es un profesor al que conoces desde hace pocos días, con el que no tienes mucha relación personal; pero por alguna razón —¡ojo, esto es fundamental—, por alguna razón es la única persona que puede ayudarte en este momento. Tienes que JUSTIFICAR con razones concretas, que es Layton, y sólo Layton, el que te debe ayudar, con la fama de ogro que tiene. Por ejemplo, te has apostado una cena con tus compañeros — ¿con quiénes?, ¿por qué?— a que eres capaz de abordarle y pedirle, mejor dicho, CONSEGUIR de él mil pesetas. O puede que sea una forma de trabar conocimiento personal con el profesor, etc.

En el ejercicio, la persona que va a pedir es el PROTAGONISTA (que es aquel que quiere cambiar el statu quo, es decir la situación establecida). Siempre se prepara fuera del aula de clase y cuando reciba la SEÑAL del ANTAGONISTA (que es el que no quiere que se cambie el status quo, la situación establecida, es decir el que niega el deseo del Protagonista) entrará en el aula o en el lugar donde se vaya a realizar la improvisación.

Si cuando el alumno me pide las mil pesetas, yo se las diera, no habría ejercicio porque no habría conflicto. No valdría de nada ya que no se produciría tensión dramática. Este ejercicio necesita un ANTAGONISTA (en este caso Layton) que por una razón específica no quiere dar al alumno esas mil pesetas:

¿POR QUE NO?

Si yo no tuviera esas mil pesetas, tampoco tendría lugar el ejercicio, porque sería imposible la consecución del Deseo. Para que se produzca tensión dramática necesitamos que sea esto posible, pero el ANTAGONISTA no quiere concederlo. Si en esta Primera Etapa de los ejercicios como Antagonista, doy toda clase de explicaciones anulo el valor del ejercicio, ya que la dificultad para conseguir el objetivo es del Protagonista, no mía. Si las mil pesetas están en mi bolsillo o escondidas en algún sitio del lugar donde se desarrolla el ejercicio, pero le comunico al Antagonista que no las tengo, el ejercicio sería válido. Yo estaría mintiendo y mi problema sería convencer al Protagonista de que esa mentira es verdad. (Debo, en todo caso, justificar el PORQUE de mi mentira. Por ejemplo: "—Sé que el Protagonista las quiere para comprar tabaco y eso es malo para su voz; prefiero no discutirlo más con él, porque siempre me dice que lo va a dejar y nunca lo hace. Que lo busque en otra parte; yo no voy a colaborar en ese vicio.") En resumen:

DESEO— EL QUE
OBJETIVO— HACIA QUE, PARA QUE
RAZON— POR QUE

ACTIVIDAD

Ya sabemos que el PROTAGONISTA quiere algo. Tiene un DESEO. (Motor que va a ayudarle en su improvisación). *¿Qué está haciendo el Antagonista antes de la entrada del Protagonista?* Esta acción tiene una enorme importancia en la técnica: es la ACTIVIDAD.

¿Qué hago yo aquí? Ya sabemos que como ejercicio, estás esperando a que entre el Protagonista; pero en la situación imaginaria, estarías en este lugar por otra razón específica. La concretamos obligándonos a hacer una actividad. El Antagonista está aquí para hacer algo. Lo quiere hacer aquí y ahora. Así tu concentración estará centrada en resolver o acabar esa ACTIVIDAD y te ayudará a olvidar que estás haciendo un ejercicio y que el Protagonista va a entrar. ¡¡¡Otra vez concéntrate en algo que está fuera de ti mismo!!!

¿Qué hago aquí y ahora? Vamos a detenernos en esta pregunta. Vamos a tratar de no pensar y vamos a "hacer". Vamos a concretar mi acción en escena. Si en cualquier personaje que vayas a incorporar en tu carrera, no logras contestar esta pregunta de una manera clara y concreta, si como actor no sabes lo que tu personaje hace o quiere hacer en cada momento, estarás perdido y todo tu trabajo carecerá de un soporte real y físico.

Ejemplos de actividades (a título indicativo, ya que las posibilidades son múltiples): buscar en un periódico un apartamento porque "quiero dejar mi casa e irme a vivir solo". Escribir una carta muy especial, "en la que pido dinero a mi padre que no sabe que estoy estudiando para actor" o preparar un telegrama para él y como tienes poco dinero, sólo puedes poner un número limitado de palabras. Recordar unos versos o la letra de una canción. Intenta siempre complicar la actividad; ir haciéndola más difícil para que exija toda tu concentración. Cuanto más complicados sean los problemas que presente tu actividad, el tratar de resolverlos te ayudará a no anticipar la llegada del Protagonista. Como norma, siempre es mejor hacer cosas manuales, sobre todo al principio. Evita cosas como pensar, esperar, etc. Lo importante es HACER. No pienses cómo hacerlo... ¡Hazlo!

Hay que justificar por razones muy específicas por qué no pides ni aceptas ayuda para hacer la actividad. Por ejemplo: es algo muy personal, muy íntimo. O sólo soy yo el que puede hacerlo bien, etc. Una vez terminada, bien terminada la actividad, el Antagonista nunca debe quedarse sin nada que hacer en la situación imaginaria. Por ejemplo: si he encontrado mis gafas (buscarlas era mi actividad), quiero ir al bar de abajo porque mis amigos están esperándome... Será el deseo del Protagonista, su necesidad de obtenerlo aquí y ahora, lo que detendrá o no tu salida.

Para empezar a estudiar una buena actividad, nos preguntaremos: ¿Qué hago? ¿Por qué hago esto? ¿Para qué lo hago? ¿Qué va a pasar si no lo hago bien? Hacer una actividad es algo muy sencillo y al mismo tiempo muy difícil. Consiste en poner toda mi concentración, los cinco sentidos, en hacerla lo mejor posible, en terminar esa actividad lo mejor y lo antes que pueda. Así, poco a poco, concentrarte *de verdad* en resolver esa actividad, te ayudará a ir olvidando lo que va a pasar, que es que la puerta se va a abrir y va a entrar tu compañero para empezar un ejercicio. La concentración en cosas concretas, difíciles de resolver y urgentes, te ayudará a vivir el momento a momento y a no anticipar. Anticipar es el cáncer del actor.

Esta sería otra de las grandes metas de los ejercicios: OLVIDAR, NO ANTICIPAR. No creer en la situación de una manera general o como un guión pre-establecido, sino ir creyendo paso a paso, momento a momento, tal y como va ocurriendo en realidad. Y, por supuesto, olvidar, durante los ejercicios, la presencia de los demás compañeros que lo observan. Para todo ello, debemos aprender, como siempre, la manera de enfocar la concentración.

Mi razón para hacer la actividad no será, en la situación imaginaria, sólo olvidar la presencia de la clase o el intento de olvidar que estoy haciendo un ejercicio. La razón para hacer mi actividad será específica y, sobre todo, otra vez, significativamente importante para mí. Quiero hacer esto (tomar notas, pasar a limpio apuntes, traducir, aprender una canción, buscar algo que he perdido en esta habitación: un anillo, un pendiente, algo pequeño cuya búsqueda sea difícil, etc...) necesito hacerlo aquí y ahora, urgentemente y, sobre todo, necesito evitar lo que pasaría si no lo hiciera.

Nuestro PRIMER ESQUEMA DE EJERCICIO, en resumen, sería:

- Una persona quiere algo de otra: PROTAGONISTA.
- Esa persona no quiere dárselo: ANTAGONISTA.
- El Protagonista viene de afuera y el Antagonista está aquí para hacer algo, que no tiene nada que ver con el deseo del Protagonista: ACTIVIDAD.

En esta primera etapa no inventamos ningún lugar especial para realizar el ejercicio, ni usamos objetos imaginarios. EL LUGAR ES EL REAL Y LOS OBJETOS, LOS QUE HAYA EN ESE LUGAR.

A veces los alumnos usan objetos imaginarios; por ejemplo, sin que haya teléfono, simular que se habla, con la mano en el oído. Si improvisamos con ese actor, debemos trabajar con la realidad. ¿Qué está haciendo? Está "haciendo" que habla por teléfono. ¿Está ensayando una obra? ¿Está riéndose de mí? ¿Está loco? De esta manera podremos asegurar que todo lo que pasa en el ejercicio, es lo que de verdad ocurre.

La única condición imaginaria es la famosa "cuarta pared" que nos aísla del resto de la clase. Es decir, LO

UNICO NO REAL ES QUE ESTAS SOLO. Por eso es conveniente evitar cualquier reacción (risas, murmullos, movimientos) de los asistentes a la clase, durante los ejercicios.

Críticas más comunes a los primeros ejercicios:

— "El objetivo no se cuenta, se consigue".
— "No digas, ¡haz!".
— "Convence, persuade, consigue".
— El deseo o la actividad están movidos por la ambición de alcanzar algo.
— Si tu situación física es, por ejemplo, jadeante por un esfuerzo, no digas tus frases "imitando" el jadeo. Ponte a saltar. Salta más alto. Salta aún más. Trata de hablar ahora. Ahora sí estás jadeante de verdad. Esto es orgánico. (Piensa que no es una escena: Es un ejercicio y nos sirve para iluminar la diferencia entre lo falso y lo orgánico. Más adelante en tu carrera podrás reproducir orgánicamente una situación física por medio de tu memoria sensorial.)
— "¡Estás pensando en tu preparación durante el ejercicio! ¡No! ¡Prepárate y olvida esa preparación durante la improvisación!"
— "Durante el ejercicio estabas demostrando a la clase lo listo que eres. ¡Olvídate de nosotros! No existimos. Demuestra lo listo que eres a tu pareja".

Ahora podemos profundizar un poco más en las razones de todos los puntos antes expuestos:

Como PROTAGONISTA: ¿Por qué quiero mi deseo? ¿Por qué necesito conseguir ese deseo? ¿Por qué del Antagonista y no de otra persona? ¿Por qué aquí y ahora?

Como ANTAGONISTA: ¿Por qué no quiero acceder al deseo del Protagonista? ¿Por qué tengo que acabar aquí y ahora mi actividad? ¿Por qué no la he hecho antes?

(Todas estas preguntas, tanto Protagonista como Antagonista, deben contestarlas personalmente, con la mayor conciencia de que esas respuestas son significativas para él. Usemos de nuestra imaginacion lógica para contestarlas de una manera específica, clara y concretamente.)

Nos ponemos de acuerdo con nuestro compañero sobre el Deseo, nada más que sobre el deseo, nunca sobre nuestras razones, porque el descubrimiento de las mismas por parte del otro será una de las bases de la improvisación (en esta etapa). Nuestros motores están en marcha para empezar el primero de nuestros ejercicios. RECORDAD QUE SOMOS NOSOTROS, NO PERSONAJES. Y seguid la primera norma: *no hacer ni decir nada sin estar provocados por la otra persona.*

Si estudiáis con un poco de atención este primer esquema de ejercicio, advertiréis que el conflicto no está sólo en que uno quiere y otro niega, sino en que la lucha se duplica ya que el Antagonista debe terminar su actividad y, lógicamente, la persecución del deseo por parte del Protagonista entrará en colisión con la necesidad del Antagonista de terminar su actividad. *Esa es nuestra misión. Provocar más conflictos para aumentar la tensión dramática y apartarnos de lo casual o lo indiferente, que es la muerte del teatro.*

¿Vas habituándote a las normas? ¿Has resistido la tentación de hablar y habéis sabido esperar la provocación de la otra persona? ¿Has conseguido tu deseo? ¿Has acabado tu actividad? ¿Has logrado olvidar que estás haciendo un ejercicio al haberte concentrado en tus objetivos (Deseo y Actividad)? Si es así, podemos avanzar un poco más en esta Primera Etapa.

RAZON PARA ENTRAR

Hemos recalcado antes la importancia de no ANTICIPAR, ¡pues aquí tenemos otro punto del esquema de los ejercicios, destinado precisamente a ayudarnos en este tema! Sabes lo importante que son para el teatro *las sorpresas*; pues bien, como norma, ni Protagonista ni Antagonista deben anticipar la presencia o la llegada de uno o de otro. Dicho así, puede sonar muy fácil. Con decirme a mí mismo "No voy a entrar" o "no está ahí dentro" ¡ya vale! Bromas aparte, si alguna vez lo habéis intentado, ya sabréis que nuestra mente no es tan crédula y no se deja engañar. Por ello, vamos a ayudarla y como siempre, el mejor remedio es concentrarnos en otra cosa. Para el Protagonista: ¿Por qué entro en ese cuarto? NO DEBE TENER NADA QUE VER NI CON TU DESEO NI CON LA OTRA PERSONA. Entra para algo, para hacer algo específico. Encuentra una razón para entrar en ese lugar; y entra para llevarla a cabo. (Cuanto más concreta, clara y personal sea, más te ayudará a olvidar la presencia de la otra persona). Si, además, tu imaginación te ayuda para justificar que el Antagonista no puede estar allí por alguna razón en la que puedas creer (por ejemplo, a estas horas está en otro sitio, nunca tiene la tarde —o la mañana— libre, etc.), estarás educando tu mente para creer situaciones imaginarias; y a no anticipar lo que va a ocurrir. Recuerda una vez más que necesitaremos de todo nuestro esfuerzo para, en un futuro, ser capaces de crear la ilusión de la primera vez después de muchos meses de ensayos y, con suerte, de muchas representaciones.

Muchas veces, cuando después de dar la Señal para hacer el ejercicio, el profesor ha pedido al Antagonista que se quite sin que lo sepa el Protagonista, éste ha entrado y se ha quedado confundido: "¡No hay nadie!" "¿Cómo voy a hacer el ejercicio?". Eso nos demuestra que está anticipando la presencia de la otra persona como actor de clase, no como la persona que está en una Situación Imaginaria. ¡Ayúdate! No sabes que está el Antagonista, por supuesto no sabes en qué lugar del aula está y no sabes lo que hace, ¡*ni quieres saberlo*!

Si el Antagonista no se encuentra en el aula, el Protagonista realizará su razón para entrar y se marchará. Este sería un buen ejercicio. Si el Antagonista está, la razón para entrar pasa a un segundo término, porque el Protagonista encuentra, por sorpresa, a la persona que le puede dar lo que él necesita.

Lo que sí sabes es *la razón por la que entras*. (Apagar las luces, recoger tu cartera que está encima de la mesa, dejar una nota para alguien, cerrar una ventana, esconderte de alguien, etc.) Es decir, no entrar de vacío, sino lleno, activo; entrar lleno de vida *anterior*.

Si ahondamos en este punto, te darás cuenta de su importancia. Nada más ni nada menos que la entrada de un ser humano en una Situación Imaginaria. Más adelante será la entrada de un personaje *en escena*. El momento clave de la creatividad es cuando empieza ese milagro de la transformación de la realidad a la ilusión: segundos antes eres un actor esperando para entrar, segundos después vives la situación imaginaria. A este momento delicadísimo hay que cuidarlo.

Piensa en las circunstancias que *circundan* y empujan esta entrada. ¿De dónde vienes? ¿Cómo vienes? ¿Corriendo? ¿Hace más o menos frío? ¿Hay más o menos luz?

¿Has hablado con alguien? ¿Te está viendo ese alguien? etc... etc... Miles de circunstancias han ocurrido. Elige las que te puedan ayudar. ¡No eres un actor que espera entrar! Eres una persona que *continúa viviendo*... Esa vida *que ya ha ocurrido* está compuesta por cientos de cosas, grandes y pequeñas, emocionales y físicas, que configuran un comportamiento antes de entrar en el escenario.

¡Cuántas veces vemos a los actores que aparecen en escena arrastrando la frialdad, apatía, vaciedad, que existe entre bastidores!

El Antagonista tiene su punto de concentración en lo que está haciendo, pero debe también ayudarse para *no anticipar* la entrada del Protagonista. Tenemos que justificar por qué el Protagonista no puede entrar y, algo más concreto: ¿Quién es lógico que entre? ¿Quién puede entrar que no sea el Protagonista, dentro de la lógica? Por ejemplo: el electricista que viene a arreglar unos focos. ¿Cómo es esa persona exactamente? ¿Suele venir siempre? ¿A veces? ¿Deseas que venga? ¿Prefieres que no? ¿Cómo suele entrar? ¿Qué hace al entrar?... Cuanto más puedas concentrarte en esta persona y en sus acciones, más te olvidarás del Protagonista y te sorprenderás de verdad a su entrada.

Estos primeros ejercicios son muy rudimentarios, pero nos introducen en la técnica de la improvisación, enseñándonos a escuchar, a reaccionar con lo que pasa y sobre todo, a no anticipar.

RELACION SOCIAL

Este es el siguiente punto de nuestro esquema. Yo le pido a *alguien* algo o le niego a *alguien* algo. ¿QUIEN ES ESE ALGUIEN PARA MI DESDE EL PUNTO

DE VISTA SOCIAL? Familia, amigos, compañeros, profesor-alumno, novios, amantes, etc; nunca desconocidos.

En esta etapa, para ti va a ser muy fácil. La relación social, al igual que el lugar, es la real; es la real que tengas con tu pareja de trabajo. Si sois novios, novios. Si sois hermanos, amigos, enemigos, etc: la realidad. (Después, en las siguientes etapas iremos ampliando esta relación o inventaremos otras nuevas en las que como siempre, podamos creer). Ten en cuenta que para ti, creer en esta relación social no representa problemas porque la conoces minuto a minuto desde que nació; cuando empieces a trabajar relaciones sociales imaginadas, tendrás que conocer, a través del estudio y la imaginación, con igual nitidez el transcurso de esa relación: ¿cómo nació? ¿dónde se ha desarrollado? ¿desde cuándo? ¿qué características ha tenido? etc. En fin, lo mismo que tú sabes actualmente de tus propias relaciones.

LUGAR

SOBRE EL LUGAR: ¡cuántas veces hablamos de la belleza de una escenografía, y qué pocas veces de la integración de los actores en ella! Nuestra técnica puede ayudarnos en este aspecto de nuestro trabajo. En los ejercicios hay un apartado dedicado al lugar. En esta primera etapa es siempre el lugar donde se realiza el ejercicio. ¡Toma contacto con él! ¿Qué significa para ti? ¿Te gusta? ¿Te fascina? ¿Te repugna? Evita la indiferencia. Investiga en este terreno, cambiando tu punto de vista sobre el espacio en el ejercicio. Este lugar debe significar algo para ti. ¡Personalízalo! ¡Hazlo tuyo! Esta técnica te servirá para lo que luego será la relación del personaje con el espacio escénico de la obra. ¿Qué representa el jardín de Julieta para Romeo en la primera escena? ¿Qué significa para Segismundo su gruta? Su comportamiento ¿es el mismo en la gruta que en el palacio cuando le despiertan? ¡Por supuesto que no! Todo comportamiento cambia o se ve modificado por el lugar que le rodea, por la importancia que tiene ese lugar para la persona.

Un decorado puede reconstruir un espacio real casi a la perfección. Puede sugerir o inventar símbolos e ideas. Pero sólo el actor lo hará creíble, útil e imprescindible para la obra por su comportamiento dentro de él. Sólo el actor creará sus dimensiones dramáticas, sus tamaños, su temperatura y la pátina de la historia vivida en ese lugar, por su relación con él.

Ahora podemos dibujar ya un primer esquema bastante completo, con el que puedas manejarte de momento.

ESQUEMA Y OBJETIVO DE LOS EJERCICIOS

Para preparar juntos:

DESEO: Algo concreto que necesita el Protagonista aquí y ahora.
RELACION SOCIAL: La real, compañeros de clase.
LUGAR: El real, donde se efectúe el ejercicio, la clase.

Para preparar por separado:

PROTAGONISTA	ANTAGONISTA
¿Por qué quiero?	¿Por qué no quiero?
¿Qué pasa si no lo consigo? (que no puede pasar)	¿Qué pasaría si lo consigue? (que no puede pasar)

¿Por qué aquí y ahora?
¿Por qué del Antagonista y no de otra persona?
Razón para entrar

Actividad

¿Por qué aquí y ahora?
¿Qué pasaría si no la termino?
(¿que no puede pasar)

Objetivo de la Técnica: lucha interior

Cuando se practican los primeros ejercicios, hay que tener mucha paciencia, ya que la meta de los mismos no es hacer una improvisación "interesante" desde el punto de vista de autor. Es decir, que no perseguimos una situación o una historia apasionante, sino que buscamos la formación técnica del actor. Por eso en muchos de estos primeros ejercicios, la tentación mayor es *explicar* a la otra persona lo que quiero o lo que estoy haciendo, en el momento que la vemos. Protagonista: "Mira, lo que quiero son mil pesetas y es muy importante porque... bla, bla..." Antagonista: "Mira, es que estoy haciendo esto que es muy importante para mí porque si no lo hago... bla, bla..."

Olvida esto, no tiene que ver con nuestra técnica. NUESTRA TECNICA QUIERE PROVOCAR COMPORTAMIENTOS, NO HISTORIAS. No hables de tu deseo, habla sólo de lo que puede ayudarte a conseguir tu deseo. Resistid la tentación de hablar y aprended a esperar. ¡¡Espera, espera, espera concentrado en la otra persona!! Resiste la tentación de hablar. En esta primera etapa hazlo voluntaria y conscientemente. Esta decisión debe provocar una lucha interior (¡otra vez conflicto!) Cuando, finalmente, no puedas resistir más, la presa se romperá y aparecerán las palabras como una explosión. Será una acumulación de intensidad. Llegará la necesidad de hablar, de pedir o contestar, pero hazlo sólo cuando estés provocado. No estamos aquí para hablar sino para conseguir el deseo o para acabar la actividad. No hables de tu actividad, habla tan sólo de lo que puede ayudarte a hacer tu actividad (puedes decirle, por ejemplo: "—Oye, cállate." o "—¡Déjame en paz!") y ¡hazla! ESTA ES LA PRIMERA GRAN OPORTUNIDAD DE LA TECNICA, LA PRIMERA GRAN CONFUSION. Es cierto, como enseguida objetareís, que si deseara intensamente algo, lo pediría enseguida, porque lo necesito. Sí, ese puede ser un comportamiento en la vida; pero nosotros estamos trabajando en ejercicios. Ejercicios que no son escenas y no son la vida. Hacemos ejercicios para preparar nuestra técnica actoral, para crear en el actor buenos hábitos de trabajo. Recuerda que la mejor técnica es aquélla que luego se puede olvidar, la que se usa automáticamente, sin pensar. Esto pide muchos ejercicios. Stanislavsky dijo: "un enfermo no se cura leyendo la receta; tiene que tomar la medicina regularmente".

Tendrás que hacer muchos, muchísimos ejercicios. Ejercicios que crearán en ti buenos hábitos, como los ejercicios de la barra para un bailarín o los arpegios de un cantante, las escalas de un pianista, etc. Como ejemplo de profesionalidad, quiero citar al tenor José Carreras, que convaleciente de su terrible enfermedad decía: "mi mayor tristeza es que no puedo hacer ahora mis ejercicios de canto".

Al principio va a ser difícil. Te saldrá tan torpemente como te saldría escribir tu nombre con la mano izquierda si eres diestro. Ahora vas a empezar a saber lo que cuesta llegar a ser un buen actor. Pero ¡paciencia!

Y nuestro primer hábito, repito, debe ser la costumbre de esperar, esperar, esperar... ESPERAR ACTIVAMENTE con las antenas desplegadas, dispuesto a recibir todo lo que venga del exterior. Quieres recibir, para poder dar.

A veces los silencios, las acciones, grandes o pequeñas, los murmullos o miradas dicen más que las palabras. Todo esto tiene su base en la vida real, aunque la técnica sintetiza para meter en un segundo un hecho dramático que a lo mejor en la vida duraría días o meses.

Si te das cuenta, cuando quieres algo de alguien, consciente o inconscientemente, tu manera de pedir dependerá del humor de la otra persona. Si tu padre se encuentra muy enfadado por algo de su trabajo, por ejemplo, no le pedirás las llaves del coche de la misma manera que si está riéndose con la televisión. No pides una cosa en medio de la calle, como lo pedirías en el patio de butacas de un teatro durante la representación o durante el descanso de ésta. No te comportas igual en un sitio que en otro, ni con una persona que con otra, ni si la situación anímica de esa persona es de una manera u otra.

Depende de lo que recibas y según lo que captes, así te comportarás. En el ejercicio todo esto se complica porque se produce en ti una lucha interor. (¡¡Ya está esta maldita técnica provocando luchas, tensiones, conflictos... TEATRO!!) Por un lado la necesidad de pedir, por el otro la necesidad de esperar la provocación. Esos segundos, esos minutos, o ese tiempo que sea preciso, de espera activa, serán tu primer gran paso para el dominio de la técnica. Porque en ellos ya estarás comportándote teatral y orgánicamente en una Situación Imaginaria.

Concéntrate en el Antagonista: primero, en lo que está haciendo, y segundo —esto es lo más importante— ¡en *cómo* lo está haciendo! Descubre la manera que tiene de hacerlo. ¡Mírale! "Parece que está muy ocupado, muy atento a lo que hace". ¿Me atrevo a interrumpirlo? ¿Lo está haciendo de verdad? ¿O de mentira? ¿Estará fingiendo interés en otra cosa para evitarme? ¿Por qué está tan ocupado?, o ¿Por qué lo finge?, etc. Estos pensamientos, que están provocados por la observación de la otra persona, despertarán tu deseo u otro tipo de actitud. Es lo que llamamos LA VIDA DE LA IMPROVISACION —lo que ocurre una vez abierta la puerta: VIDA que nunca puede estar preparada o anticipada, porque sólo nace en el momento que observas y recibes de la otra persona. Y puede ser muy buen ejercicio técnico, aunque el deseo no aparezca. Todo depende del momento, de cada momento. Tú controlas y conoces tu preparación, pero no lo que va a ocurrir.

ESCUCHA, RECIBE, CAPTA CON TUS OJOS,
TUS OIDOS Y SOBRE TODO CON TU MENTE,
ANTES DE HACER NI DECIR NADA.

Trata de olvidar la historia de tu deseo, hasta que la vida de la improvisación despierte esa necesidad. Si tu preparación es buena, no vas a olvidarla y tu historia saldrá cuando la otra persona la despierte en ti, justo en ese momento.

RAZONES O PORQUES PERSONALES

Para ayudarte realmente en esa necesidad (la de pedir o negar) lo importante es que las fuentes de tu imaginación para creer la Situación Imaginaria sean verdaderas y propias.

Que vengan de ti, no de películas, novelas o noticias. Que la situación te afecte, que te importe y te active. Evita locos, borrachos, ancianos o enfermos. En los ejercicios usa tu vida, tu experiencia, lo que conoces y te conmueve. Puedes fingir una borrachera o una enfermedad, ¡sí!, pero para engañar a la otra persona, como ESTRATEGIA PARA CONSEGUIR ALGO (apunta esa palabra), no para los que contemplan el ejercicio y sobre todo, no para ti. Usa tu dolor de cabeza o tu catarro si son verdad, pero olvida de momento tus ansias de ser Rosaura o Segismundo.

Tú mismo irás descubriendo con el paso de los ejercicios si mientes o no, si tu comportamiento es el que está naciendo o lo estás imponiendo por una idea preconcebida. No tengas prisa, estás empezando un largo camino. Sólo empezando.

CONCRECION DEL DESEO

Trabaja sobre tus situaciones más concretas, más creíbles. No trabajes en general, especifica: no quieres ir a Londres, quieres el dinero exacto del billete aquí y ahora. No quieres libros, quieres uno en particular. No quieres palabras, quieres hechos. Una firma, un texto, unas llaves, etc. Debes saber exactamente lo que quieres. Repito "exactamente". Es muy difícil buscar una aguja en un pajar, sin saber siquiera que es una aguja.

HACER LA CASA

Hay un elemento de los ejercicios que tiene mucho de juego, por eso le llamo HACER LA CASA. Sí, tiene el aire de un juego infantil. En todo hombre, dicen, hay un niño que quiere salir a jugar. Marcello Mastroianni asegura que es feliz como un niño cuando rueda una película: "Quiero disfrutar, disfrutar realmente como los niños. Ya que todos los buenos actores son niños. Si se considera una limitación que un actor sea todavía niño, que se considere. Yo creo que es un milagro".

Debes hacerlo con la predisposición de un niño a creer su juego. ¿Conoces algún actor mejor que un niño jugando? ¿Le has visto jugar a ser policía o astronauta? Si él no se siente observado, verás que no hay mejor actor en el mundo. Otra de nuestras metas sería volver a hacer lo que hacíamos tan bien cuando niños, pero con mil ojos observándonos.

Hacer la casa consiste en preparar el espacio donde vas a trabajar para hacerlo más tuyo, para que te ayude a creer en la Situación Imaginaria. En esta Primera Etapa es siempre el aula donde se celebra la clase. Arréglala, prepárala, según tu idea. Fuerza tu imaginación. Apaga la luz, corre la mesa, coloca las sillas de otra manera. Esparce papeles o libros, ensúciala o límpiala, trae flores, etc. Aunque en esta Primera Etapa siempre utilizarás el aula de la clase, hazla tuya, personalízala, que este sitio signifique algo para ti.

Establecer un pacto entre Antagonista y Protagonista. Preparar los dos el aula tal como el Protagonista la vio la última vez. Cuando el Antagonista se quede a solas, puede cambiarla a su manera. (Esto ayudará al Antagonista y también al Protagonista; primero, para su sorpresa, ya que no sabrá lo que se va a encontrar y, segundo, porque tendrá que utilizarlo, puesto que en una improvisación no se puede ignorar nada. Todo se puede y se debe utilizar. En la vida ignoramos muchas cosas, pero en una improvisación no. La vida de una buena improvisación es más "viva" que la vida misma, por su síntesis; de esa manera entramos en un mundo más "teatral" sin que tener que pensar en lo "teatral". Es así como evitamos lo casual, lo indiferente, que es la muerte del teatro.) Pero, ¡cuidado!, justifica los cambios que hagas. Has de preguntarte otra vez: ¿Por qué está la mesa allí y no en la otra pared? ¿Estaba así antes de entrar tú o el cambio se ha producido en tu presencia? ¿Quién lo ha hecho? ¿POR QUE?...

No hagas nunca un ejercicio igual; nunca repitas un deseo ni uses el espacio de igual manera; no repitas nunca una actividad o una razón para entrar. Los ejercicios, bien o mal hechos, se viven una sola vez; el resto sería repeticiones muertas. NO conseguirías hacerlos vivir. Así pues, prepara tu imaginación, porque vas a tener que hacerla trabajar al máximo.

ESTADO DE ANIMO

Vamos a tocar otro de los pasos fundamentales del ejercicio: *El Estado de Animo.* El Estado de Animo es la situación emocional en la que los actores en los ejercicios —y, más adelante, los personajes— se encuentran al empezar el conflicto, o la escena. ¿Cómo entra el Protagonista? ¿*Cómo* está haciendo el Antagonista su Actividad? ¿Cómo se siente y por qué? ¿Cuál es la situación emocional?

Como es un ejercicio, vamos a complicarlo aún más: este Estado de Animo no debe tener que ver ni con tu Deseo, ni con el Antagonista. En el caso del Antagonista, su Estado de Animo no tendrá que ver ni con su Actividad, ni con el Protagonista. Tú dirás, con mucha razón, que generalmente en las escenas el Estado de Animo está directamente relacionado con la situación dramática. Cierto. Pero esto no es una escena, es un ejercicio para hacerte practicar más y más. Hacerte comprender interiormente, sensorialmente, el enorme valor de la lucha interior en el comportamiento dramático. Así que a trabajar.

Algo ha pasado anteriormente que al rememorarlo te produce una emoción determinada. NUNCA TRATES DE REPRESENTAR UN SENTIMIENTO. REMEMORA LAS CAUSAS. Tu memoria emotiva y tu memoria sensorial vienen en tu ayuda. Sea lo que sea lo que ha pasado: bueno, malo, ridículo, maravilloso... debe activarte interiormente. Si, en esta Primera Etapa, eliges algo importantísimo pero ajeno a ti, no te servirá. Tiene que ser muy personal. Valores que producen efecto en mí, tal vez no lo producirán en ti. Hay muy pocos valores universales. Tal vez el dinero, pero hay gente que lo desprecia. Tal vez el amor. Pero no te valdrá si lo utilizas en general; seguro que un detalle concreto del ser amado, su flequillo rebelde sobre la frente, o su manera de inclinar la cabeza al reír, o el modo que tiene de decir tu nombre, te ayudarán más que cualquier idea general sobre el amor.

Empieza humildemente, con recuerdos pequeños y cercanos, y deja que tu sensibilidad haga el resto. No te apresures, deja nacer el Estado de Animo, no intentes imponértelo porque se escapará —no es algo que pueda controlarse con la voluntad. La emoción es como un niño travieso: si la fuerzas, se te escapará; pero si coqueteas con ella, la engañas y juegas, vendrá a ti con toda tranquilidad. Necesitas relajación, y eso se consigue con concentración. Concéntrate en tu recuerdo. Elige uno sencillo que tú sabes que te afectó profundamente; no importa cuál sea su carácter: triste, alegre... el que tú quieras. Concreta ese recuerdo, detállalo cada vez más ¿Qué pasó? ¿Dónde estabas? ¿Con quién? ¿Cómo ibais vestidos? ¿Sentados? ¿Echados? ¿Mucho calor? ¿Poco o regular?

¿Atardecía? ¿Dónde estabais? ¿Al aire libre o bajo techo? ¿El suelo, en este último caso, era de cerámica o de madera? ¿Olía de una manera especial? ¿A cera fresca? ¿Sonaba alguna música? ¿Se oía algún ruido? Detalles, detalles; busca en tus recuerdos, conceptual, emotiva y sensorialmente. Haz que no sólo recuerde tu mente, sino todo tu cuerpo. Enamórate de tu recuerdo y vuelve a vivirlo. Seguramente no reproducirás la misma emoción que sentiste, pero estarás abierto para que nazca una nueva. Piensa que ha pasado algún tiempo y eso influye. NO prejuzgues lo que va a salir, déjate sorprender. Y sobre todo, no tengas prisa, tienes todo el tiempo del mundo. Aprovéchate de esto, porque en las siguientes etapas hablaremos de la economía y tendrás que preparar el Estado de Animo en casa para que luego, en clase, lo hagas nacer en muy, pero que en muy poco tiempo: segundos, tal vez de golpe. Pero de momento no hay prisa, aprovecha tu situación y disfruta tranquilamente de tu capacidad de rememorar y sentir.

Consideraciones acerca del Estado de Animo

La importancia y delicadeza de este punto de nuestro esquema radica en que entramos directamente en el mundo de la emoción. ¡POR FIN! —estarás pensando— ¡DESPUES DE TANTA TECNICA, YA PODEMOS SUFRIR O GOZAR! Sí, es cierto, pero... lo siento, hay un gran pero. En nuestra técnica la emoción por sí sola, por sí misma, no es bastante; no sirve para nada. Es más, a veces es perjudicial porque emborrona tu trabajo y entorpece el desarrollo de tu comportamiento interior, en los ejercicios o en las escenas.

Al principio el trabajo sobre tus emociones te parecerá difícil, incómodo y violento. Pero en un corto período de tiempo verás algún que otro resultado, tal vez serán los primeros resultados que obtengas y —¡claro!— te enamorarás de ellos. Te emborracharás con tu capacidad de emocionarte y el resto de la técnica te parecerá entonces un estorbo. ¡Mucho cuidado! Evita caer en ese "enamoramiento infantil" hacia tus estados de ánimo. Sólo son mera gimnasia, ejercicios para ampliar el conocimiento emocional, tus capacidades, nada más. No son el resultado válido para ninguna escena ni para ningún personaje; sólo valen para el ejercicio de improvisación en el que los utilices. Sólo una etapa, un medio, no una meta. Enseguida pasarás a otros estados de ánimo más difíciles; a estados de ánimo posibles dentro de tu vida, probables en tus circunstancias. Más adelante, a estados de ánimo de tu fantasía, o a los que tu curiosidad te lleve a investigar, pero todos ellos no serán sino el camino que te llevará hacia EL ESTADO DE ANIMO DEL PERSONAJE EN LA ESCENA.

Por todo ello, en estos momentos de tu formación, trabaja muy profundamente con tus recuerdos, tus experiencias, con tus deseos y tu imaginación; amplía al máximo tus posibilidades, que sólo tú sabes que están en ti, porque en la Tercera Etapa tendrás que afrontar, y comprender visceralmente, muchas emociones cuyas fuentes, motivos, razones y porqués te serán ajenos porque vendrán de las circunstancias del personaje. Entonces serán las del personaje, no las de tu vida personal. Muchos actores mal preparados en algún cursillo de los nuestros, de dos semanas, donde han oído campanas pero no saben dónde, utilizan sus propias imágenes sensoriales o recuerdos para provocar la emoción del personaje. *Electra no llora porque la actriz se acuerde de su padre, eso es ridículo, infantil y casi esquizoide.* Electra se conmueve con la imagen de Agamenón, ese es el nombre que dice y al que se refiere. Ninguna actriz, por mucho que llore, podrá incorporar a Electra si no utiliza la figura de Agamenón. Es decir: sus pensamientos y razones son los que Esquilo o Sófocles pusieron en aquella mujer. El que una actriz del siglo veinte consiga esto, es la meta final de nuestra técnica.

Protagonista y Antagonista tienen que despertar cada uno su ESTADO DE ANIMO. Secreto, para producir sorpresa. Casi como un reto entre actores: "¡Seguro que mi Estado de Animo es más fuerte que el suyo!". ¡Consigue ganar!

Ideas de Posibles Estados de Animo

Recuerda que no debes trabajar en los resultados, sino en las causas, en los porqués: por tal o cual razón, me siento...

—Orgulloso de mí, ¿por qué?
—Avergonzado, ¿por qué?
—Humillado, ¿por qué?
—Desilusionado, ¿por qué?
—Disgustado, ¿por qué?
—Culpable, ¿por qué?
—Eufórico, ¿por qué?
—Impotente, ¿por qué?
—Optimista, ¿por qué?
—Agradecido, ¿por qué?
—etc, etc., ¿por qué?

Harto, ¿por qué?
Melancólico, ¿por qué?
Deprimido, ¿por qué?
Asustado, ¿por qué?
Enfurecido, ¿por qué?
Solo, ¿por qué?
Superior, ¿por qué?
Feliz, ¿por qué?
Admirado, ¿por qué?
Vengativo, ¿por qué?

ESTRATEGIA

Ahora es el momento de añadir un nuevo elemento a nuestro esquema. El Protagonista tiene que pensar: ¿Qué puede pasar si no consigo mi Deseo? La contestación debe ser algo que no está dispuesto a que pase. Eso sería lo peor que puede ocurrir: ¡NO DEBE PASAR!

¿Cómo evitarlo? ¿QUE MEDIOS TENGO PARA CONSEGUIR MI DESEO DEL ANTAGONISTA? ¿QUE ARMAS PUEDO UTILIZAR PARA CONVENCERLE?

Si la Situación Imaginaria trata sobre un Deseo que ya he pedido y esa persona me lo ha negado anteriormente —lo llamaremos "conflicto en marcha"— no hay peligro de anticipar porque la negativa viene dada por la situación imaginaria. Entonces, preparo mis nuevas *estrategias.* "SI EL DICE ESTO, YO DIRE AQUELLO". "Si él hace esto, yo haré aquéllo". ¿Le puedo convencer razonando? ¿Tengo algo para ofrecerle? ¿Le puedo amenazar? ¿Hasta dónde puedo llegar? ¿Hasta dónde soy capaz de llegar? ¿Intento provocarle lástima? ¿Le puedo engatusar? ¿Le alabo? ¿Le suplico? ¿Me humillo? etc, etc. Todo vale, como en la guerra o en el amor, para conseguir tu objetivo. A veces los actores entran a improvisar la Situación Imaginaria tan profundamente, que el conflicto puede convertirse en una lucha física de verdad. El profesor debe estar atento a esa posibilidad, e interrumpir el ejercicio en ese momento. Debe hacerlo, naturalmente, por dos razones:

1— Los actores pueden hacerse daño: evita, por esta misma causa, los objetos punzantes o peligrosos.

2— Ya no es una situación imaginaria lo que improvisan, sino que han saltado a la vida real, fuera de control. No vale como ejercicio y, por lo tanto, ya no están ejercitándose en la técnica.

Donde puede aparecer la confusión es cuando el Deseo, y por lo tanto el conflicto, van a tener lugar por primera vez. Preguntarás entonces: ¿Debo anticipar lo que va a pasar para preparar mis estrategias? Sí y no. ¡Vaya lío!, ¿verdad? En cuanto reflexiones un poco, verás que es muy simple. Anticipas la situación y piensas en las estrategias que puedes utilizar en tu preparación del ejercicio, como actor. Y olvidas toda la preparación, incluídas las estrategias, cuando estés en la Situación Imaginaria. ¿Un poco más claro ahora?

Ya seas Protagonista, ya Antagonista, tienes que distinguir muy claramente cuando preparas como ACTOR DE LA CLASE y cuando eres ACTOR EN LA SITUACION IMAGINARIA.

¿Dónde se encuentra ese límite? En la propia mecánica de los ejercicios.

Mecánica de los Ejercicios 1

Tu preparación del ejercicio, como actor, te puede llevar mucho tiempo antes de hacerlo. Durante días preparas la necesidad de tu Deseo, las razones de esa necesidad, tu Estado de Animo y tus estrategias. O bien, tus razones para negar, tu necesidad de hacer tu Actividad y tu Estado de Animo. Es como si preparases una sopa. Pones la olla, todos los ingredientes (carne, cebolla, huesos, zanahoria, etc.) y ahora, hay que dejar cocer. Que hierva hasta que se reduzca a un caldo muy concentrado. Nos vale el símbolo del cubito de caldo concentrado. Este cubito tiene lo esencial, lo necesario para convertirse de nuevo en caldo. Así que deja "hervir" tus situaciones.

Cuantos más detalles, más sabroso te saldrá "tu caldo". Concéntralo. Concéntralo más aún. Más y más concreto, hasta reducirlos a *unas imágenes específicas*. Estas *imágenes* serán como los cubitos de concentrado. Ellas serán capaces de abrir las ventanas de tus emociones, de activarlas. Luego, al final de esta etapa, hablaremos de la necesidad de economía, del mínimo de energía y esfuerzo para obtener un máximo resultado.

En el momento de hacer el ejercicio, durante unos instantes refrescas esos puntos, pero aún no estás en la Situación Imaginaria. CUANDO RECIBAS LA SEÑAL, olvida toda la preparación. ¿En qué debes concentrarte? ¡Piensa cuáles son los elementos del esquema que entran directamente en ese momento en LA SITUACION IMAGINARIA! ¡Seguro que ya lo sabrás! Por su puesto el Estado de Animo que tienes en ese momento (vuelve a rememorar lo sucedido). Y la razón para entrar (vuelve a pensar en el porqué). Entonces ¡entras!... La presencia de la otra persona activará y sacará a flote tu preparación: Deseo y estrategia para conseguirlo. En el caso del Antagonista, el límite es igual de sencillo. Como actor de la clase preparo mis razones para negar y lo que va a pasar si el otro consiguiera su objetivo. Una vez refrescadas estas razones, entro en la Situación Imaginaria con mi Actividad y mi Estado de Animo, que son los dos elementos que están desde el principio en ella.

Claro, debes haberlo preparado muy bien. Para ello necesitas: trabajo, imaginación y verdad. Y otra vez, paciencia; porque para llegar aquí te va a llevar mucho tiempo, mucho más tiempo del que en un principio pensaste.

Si durante la improvisación el Antagonista resiste tu envite, para y concéntrate en tus nuevas posibilidades. Si no funcionan, para otra vez y busca unas nuevas, todo ya dentro de la vida de la improvisación. Esta necesidad, a veces desesperada, de encontrar medios, provocará un comportamiento diferente, que "dependerá" de las negativas de la otra persona. ¿Recuerdas que era una de nuestras metas?

En algunas improvisaciones al Antagonista le basta con negar, ya que no le importa nada de lo que ocurra con el Protagonista; pero en muchos casos, el Antagonista no quiere causar daño al Protagonista, sólo que no quiere conceder ese Deseo. Pero sí debe buscar la comprensión del Protagonista: por ejemplo, que éste comprenda su negativa; o, tal vez, tratar de engañarle para que no se enfade, etc.

En definitiva: QUIERE — DESEA — NECESITA algo del Protagonista —su amistad, su credulidad, su comprensión, etc.

En esos casos la técnica de la preparación de estrategias se aplica exactamente como en el caso del Protagonista. Y todavía se le presenta un conflicto más: ¿Termino mi Actividad o logro mi Deseo de convencer al Protagonista? En muchas escenas de buen teatro, verás cómo la Actividad se convierte en perseguir lo que se desea del Protagonista. En esta etapa de nuestros ejercicios será una decisión que estará provocada entre tu necesidad de acabar la Actividad y tu necesidad con el Protagonista. Esta lucha interior marcará el ejercicio y será una decisión que tomarás sobre la marcha del mismo.

URGENCIA

Imagino que habrán ido pasando los días y has practicado, practicado y practicado. Cambiando el Deseo una y otra vez. Siendo Protagonista y Antagonista. Alternando tus estados de ánimo. Preparando a fondo tus razones en uno y otro caso. Jugando a preparar tu casa y practicando tus Actividades. Si tienes dificultades con alguno de los elementos del esquema en concreto, insiste en profundizar sobre él, estúdialo más a fondo. Bucea en tu interior y observa tu exterior. Busca fuentes de conflicto con tu pareja o tus parejas. Encontrad diferentes puntos de vista sobre vuestras cosas y las de hoy día: religión, política, sexo, terrorismo, familia, estudios, guerra o ideología. Y... ¡a trabajar!

Ahora ha llegado el momento de que hablemos del tiempo. El tiempo real y el tiempo dramático. El tiempo en la vida y el tiempo en el teatro.

En nuestra vida, generalmente, tenemos tiempo para nuestros actos. Es difícil pensar que pudiéramos vivir sin perder literalmente un segundo. Pues bien, la vida escénica va a exigirnos un comportamiento condensado de la vida, y ahí entra el concepto de tiempo. Un minuto en escena es una eternidad. A veces hay obras de teatro en las que el autor juega aparentemente con el lento deslizar del tiempo (por ejemplo, nuestro admirable Antón P. Chéjov) pero sólo es apariencia. Lo que sí es cierto es que la combinación de escenas tranquilas con escenas precipitadas y rápidas, forman algo imprescindible en el teatro y en tantas artes: el Ritmo. Pero, por si no te lo había dicho, ¡ejem!, ni estamos en la vida, ni en el teatro; estamos en los "malditos ejercicios" y no vamos a tratar ni del ritmo ni de esas escenas tranquilas. Vamos a concentrarnos en nuestra preparación para poder trabajar en un tiempo dramáticamente condensado. Vamos a prepararnos para trabajar en *un no hay tiempo*. Vamos a trabajar con URGENCIA. El Protagonista no tiene tiempo para alcanzar su Deseo. Tenía que haberlo conseguido ya. Cada segundo cuenta en su contra. Como siempre, tienes que justificar tus "porqués". Razones que sean válidas para ti, razones en las que puedas creer.

Y el Antagonista tampoco tiene tiempo para hacer su Actividad. Tenía que haberla acabado ya. Cada segundo cuenta en contra suya. ¿Esto quiere decir que hay que correr? ¡NO! ¡Definitivamente, no! La Urgencia no significa hacer las cosas de prisa y mal. Urgencia significa alcanzar tu objetivo (Deseo o Actividad) *en el menor tiempo posible.* Pero ¡ojo! *de la mejor manera posible.* Vamos a convertirte en aventurero por un instante. Supón que te persiguen tus enemigos y tienes que cruzar, en tu huída, un precipicio profundísimo por un puente hecho con lianas casi podridas, a punto de romperse. Si corres por el puente, se rompe y te caes. Si vas excesivamente lento, te cogen. Sólo tienes una salida: ir recorriendo tu camino CAPTANDO, RECIBIENDO, pendiente segundo a segundo del estado del puente —¡dependes de él!—: calculando con precisión cuál es el sitio exacto para colocar tu pie, y sin perder de vista ni un momento el avance de tus enemigos, que serían el motor principal que pone en marcha y mueve tu acción.

Piensa que la huída es tu deseo de alcanzar una meta, tu Deseo; que tus enemigos alcanzándote son aquello que puede pasar si no lo consigues, la razón de tu urgencia; piensa que el puente, tu medio de salvación, es el Antagonista... ¡y ya estamos en el ejercicio! La mezcla de todos sus elementos te dará un comportamiento dramáticamente *urgente.* Date cuenta de que todos los elementos están en acción, avanzando. Todo se pone en lucha, en conflicto, en aquel momento en que empieza la Situación Imaginaria. NO HAY TIEMPO, YA ES TARDE. REALIZA TU ACCION URGENTEMENTE.

ACTITUD

Ahora que hemos avanzado bastante en nuestros ejercicios, es momento para hablar de lo que es una actitud buena hacia el trabajo. La meta no es hacer una improvisación brillante, sino aprender algo. Muchas veces aprendes más de tus fallos que de tus aciertos. No es que tengas que proponerte hacerlo mal, pero sí que te arriesgues a que te pueda salir mal. El valor de arriesgar, la aventura de lanzarte sin miedo a lo que pueda pasar, sin criticarte, mientras estás haciendo el ejercicio, es una de las grandes metas que tienes que alcanzar. (Creo que fue Goethe quien dijo que "la aventura del hombre es el arte de la vida"). Es la vida de nuestros ejercicios, ¡os lo aseguro!

Los comentarios del profesor, los de tus compañeros y los tuyos propios, harán de cualquier ejercicio una buena lección. La actitud de los que observan el ejercicio es fundamental. Ya hemos hablado de que es necesario una concentración silenciosa. Después, nos ayudarán con sus comentarios constructivos. Pero lo más importante es que para el que observa, sin tensiones ni nervios, será más fácil captar los errores y los aciertos. Así, el aprendizaje, al alternar la práctica y la observación de otros ejercicios, será progresivo y mucho más provechoso.

Esto es un manual para el actor sobre una buena manera de usar su vida interior en su profesión. Para hacer un gran trabajo, muchas veces no basta con tener talento, a veces es necesario también el genio, ¡el carácter!, otras enorme paciencia y tenacidad... He aquí algunas cualidades que me encanta descubrir en un joven actor o en una joven actriz:

Dignidad personal, honradez.

Gran sensibilidad...

Aprecio de sí mismo, sin arrogancia.

Vulnerabilidad, emociones a flor de piel...

Miras elevadas, alto nivel de criterio en los juicios.

Alto bagaje sensorial...

Fuerza, energía vital, entusiasmo: intensidad, no tensión

Valor para arriesgar, para equivocarse...

"La mágica virtud de la curiosidad" de que habla Adolfo Marsillach, observador insaciable.

Compromiso ético y compromiso profesional

Capacidad para sorprenderse, asombrarse, maravillarse con las pequeñas cosas.
Sed de realizarse.
Vocación: el deseo irresistible de ser otro ante los demás, de que los de más me vean siendo otro.

Humildad en el trabajo. Paciencia y tenacidad...

Imaginación práctica...

Naturalmente, no son necesarias todas estas virtudes para despertar mi interés en su futuro como actor o actriz... Lo que sí se puede decir es que un actor que desee descubrir al público "los fallos, las aspiraciones, los sueños y deseos, lo negativo y lo positivo del ser humano..." (Stanislavski) ha de ser un actor comprometido.

Supongamos que durante muchos días has estado preparando el ejercicio con tu pareja. Ya sabes que preparar significa dos cosas:

1— *Con tu pareja*: ponerte de acuerdo sobre el DESEO. Es decir, el tema del ejercicio. Una idea sobre la que no estéis de acuerdo y os afecte a los dos. Algo sobre lo que vuestros puntos de vista sean opuestos y podáis apasionaros en su defensa. Hay que hablar mucho entre los dos de los antecedentes: si lo habéis pedido antes o no; cómo se ha desarrollado vuestra relación hasta ahora; cuándo es la última vez que os habéis visto, antes de empezar a arreglar el ejercicio, la situación imaginaria de hoy. Planes para las próximas horas, donde no entraría la Situación Imaginaria (esto es muy importante para ayudar a la otra persona a justificar por qué el Protagonista no puede entrar, y provocar su sorpresa). Antecedentes de la situación que son básicos para ayudar a mi imaginación a creer. Y poneos de acuerdo en cómo estaba el lugar la última vez que el Protagonista lo vio.

2— *A solas*. El estudio, personal y profundo de mis razones (para pedir y para negar) debe concretar el qué va a pasar si no consigo mi Deseo y el qué va a pasar si el Protagonista lo consigue. Mis razones para hacer mi Actividad. Mis estrategias y mi razón para entrar. Mi Estado de Animo.

(Todo este estudio es una lúdica, vibrante y valiente profundización hacia tu interior. Durante años nos han hecho concebir el estudio como algo obligado, que hay que hacer por deber, algo desesperadamente aburrido. ¡Lucha contra esta idea! Tu estudio debe ser fascinante, atractivo y vivo. Estás buceando en tu mundo interno, nada más y nada menos que para dárselo a los demás. Sé valiente y busca. No te canses de buscar. Tu trabajo a partir de ahora, y más aún durante tu vida profesional, será una eterna búsqueda. Siempre estarás investigando, observando y probando. Contigo y con los demás. Pero, en esta etapa especialmente, contigo mismo.)

(Bueno, permíteme hacer otro aparte al modo de los clásicos: Todos nosotros necesitamos considerarnos más importantes de lo que somos. Pero la gente de teatro lo necesitamos mucho más que otros. El actor es egoísta, vanidoso y hasta arrogante, pero quiere dar. Necesita dar, decir algo a alguien, hacer sentir, reír y llorar, entretener, conmover, "tocar". Pero para dar, tiene que *recibir* algo. Al dar al público, recibirá de él. Y así empieza este contacto. Un contacto metafísico: Actor-Público-Actor. Un contacto inexplicable para mí y que no quiero que nadie trate de explicármelo. Pero es tan tangible para el actor, como la imagen en el televisor cuando está bien sincronizada. Lo que recibe el actor del público alimenta y enriquece su interpretación: así es capaz de dar más y de recibir más para volver a dar más, y así hasta el infinito. Pero esto no nos concierne ahora... Volvamos a lo nuestro.)

Ya estamos aquí. ¿Preparados? Pues quiero ver ejercicios. El Antagonista sale del aula. El Protagonista arregla el lugar, *hace la casa*. Luego empieza a repasar sus "porqués", su preparación, con las preguntas que le haga el profesor. Preguntas relativas a lo que quiere, al "porqué" de su necesidad o de su urgencia. (Preguntas que le servirán para definir ese mundo interior del que saltará el conflicto, y que se corresponde con lo que más tarde llamaremos el SUBTEXTO del personaje.) El actor las contesta sin mirarle, como si las preguntas se las hicieran dentro de sí. Así pues, el profesor irá ayudándole a concretar, encaminándole al mundo interior de sus razones, hasta que el actor vaya encontrando contestaciones en las que haya imágenes que le activen, que le conmuevan, que le "toquen". Los demás actores de la clase se darán cuenta de qué contestaciones sirven para activar al actor, y cuáles no. Porque las que sirven muestran, sin que el actor piense en ello, un comportamiento inmediato. Muchas veces las contestaciones son inteligentísimas, pero cerebrales y no nos sirven para poner en marcha nuestro organismo.

Todo esto, durante los primeros meses, se hace en voz alta: tanto preguntas como respuestas. Hasta que el actor va aprendiendo a hacerlo consigo mismo a solas, sin voz: un DIALOGO INTERIOR que va a ser, a la larga, fundamental a la hora de interpretar cualquier personaje.

Una vez que actor y profesor se dan cuenta de que existen contestaciones válidas, el Protagonista sale v entra el Antagonista, para, a su vez, prepararse.

Este prepara su lugar, hace sus cambios (coloca los objetos personales que haya traído, corre los muebles, modifica las luces, etc.) y prepara el inicio de su Actividad. El profesor empezará ahora su conversación sobre las razones, de la misma manera que lo hizo con el Protagonista (quien, mientras se prepara el Antagonista, seguirá con su preparación en el pasillo, esperando la Señal).

Aquí llegaría lo que en el ejercicio llamamos el TELON. (Esto ya suena a teatro, ¿verdad? ¡Claro! Tú sabes que en una función de teatro, el telón se suele emplear para dar principio y fin a la obra, para separar sus diferentes actos. Pues bien, Telón para nosotros, va a ser la división entre la Preparación y la Situación Imaginaria.) Es un Telón simbólico que bajamos para dar fin a la Preparación y subimos para dar paso a la Situación Imaginaria. En un principio es el profesor el que marca este momento, diciéndole al Antagonista: "—¡Telón!" A partir de entonces, como es lógico, éste se concentra en su Estado de Animo y su Actividad. Por su parte, el Protagonista, que ha seguido con su preparación afuera de la clase, hará su Telón en el momento en que reciba la Señal de su pareja: entonces él se concentrará en su Estado de Animo y en la Razón para Entrar. Para ambos, Protagonista y Antagonista, éste es uno de los momentos más interesantes del ejercicio.

Vamos a trabajar un poco en esto. Prepara bien tu Actividad. Empieza a hacerla: (por ejemplo, si es una traducción, pon el texto sobre la mesa, prepara tu cuaderno o tu máquina; saca tu pluma o pon el papel en la máquina. Traduce las primera palabras). Trabaja hasta que te des cuenta de que tu actividad está ya en camino. Tienes que tener una imagen muy clara y precisa de lo que para ti es tu Actividad perfectamente hecha y por qué es urgente acabarla. Y ahora vamos a concentrarnos en el Estado de Animo: Por ejemplo, tu satisfacción por haber impedido que dos amigos se pelearan; tú has conseguido que se reconciliaran, y no sólo con un apretón de manos, sino que han llegado a abrazarse yéndoos a tomar unas copas juntos los tres. Concéntrate en los detalles de ese hecho. ¿Quiénes son tus amigos? ¿Cómo se llaman? ¿Dónde estábais en el momento de la pelea? ¿Qué estaba pasando cuando llegaste? Aprende a activarte interiormente y verás que el Estado de Animo está en marcha, va naciendo esa determinada emoción a través de los "porqués" específicos. Tu comentario sería, más o menos: "—si me pongo a hacer urgentemente mi Actividad, que exige toda mi concentración para hacerla bien, se me va a olvidar el Estado de Animo". Aún cuando parezca un contrasentido, es bien cierto que cuanta más concentración uses para tu Actividad, más relajado y libre te encontrarás para poder recibir de fuera y dar más. Y ahora, como tu Actividad es urgente, vuelve a hacerla; entonces, el Estado de Animo empezará a filtrarse en el modo de hacer tu Actividad. (En este ejemplo, tu necesidad de hacer la traducción se mezclará con el orgullo por lo conseguido con tus amigos).

A veces el Estado de Animo puede infiltrarse sin lucha en la Actividad. Otras, (éstas son las que más adelante debes elegir) entrarán en conflicto: La competición entre ambos te ayudará a lograr la deseada relajación. De ese conflicto nacerá, una vez más, un comportamiento no prefijado, resultante de las dos fuerzas. No nos interesa cuál de las dos vaya a vencer, sino el desarrollo de esta lucha. Las razones para hacer bien y urgentemente la Actividad se entremezclarán con las imágenes que provocan el Estado de Animo. ¡Tienes que terminar tu Actividad!... Pero, ¡el recuerdo viene a ti!... Te lo quieres quitar de la cabeza porque está estorbando a tu Actividad, pero vuelve... ¡vuelve!... etc.

Una vez puestos en marcha, casi siempre luchando el uno contra la otra, el Antagonista dará la Señal al Protagonista para que se disponga a empezar. (Para esta Señal basta con un intercambio de miradas.) Entra el Protagonista y el ejercicio está en marcha. ¡Disfruta de la improvisación!

A continuación seguiríamos viendo más y más ejercicios, corrigiendo errores y señalando los aciertos. (No ignorar nada, esperar antes de hablar o hacer, no anticipar, perseguir tu objetivo sea Deseo o sea Actividad, etc.) Recordando siempre que son ejercicios para fortalecer la técnica. Sobre todo, LA TECNICA DE NO AN-

TICIPAR. El personaje, cuando incorpores uno, sabrá sólo lo que ha pasado, no lo que tú, actor, sabes que va a pasar en la obra. Por eso tienes que aprender a trabajar con lo que está pasando AQUI Y AHORA, para crear la ilusión de que eso que está ocurriendo, pasa por primera vez. Y que sea orgánico. Pero ¿cómo reconocer lo *orgánico*? Lo reconocerás si ves que estás *cómodo* en la Situación Imaginaria, *persiguiendo tus objetivos*, actuando con todas tus facultades dispuestas y con tus emociones aflorando espontáneamente. Es un estado interior *creativo*. Serás orgánico cuando seas libre como un niño, que no sabe la dificultad de lo que está haciendo. Y eso sólo lo conseguirás "domando" tu concentración, obligándola a que esté donde tiene que estar. ¡Ojalá consigas siempre en tus trabajos la cualidad que, una vez que domines esta técnica, tendrán tus improvisaciones, las cuales, recuerda, no son escenas ni son la vida; son ejercicios!

RELACION EMOCIONAL

Vamos a suponer que has superado estos pasos de la Primera Etapa. Entonces, abordaremos un nuevo punto de nuestro esquema de ejercicios. Lo llamamos *relación emocional.* A ambos, a Protagonista y Antagonista, les corresponde trabajarlo.

Hemos hablado ya de la Relación Social que hasta ahora es la real. Pues bien, ahora añadiremos la Relación Emocional. ¿Qué es? Es ese "algo especial" de la otra persona *que provoca una emoción* concreta en mí. Pienso en ella antes de Telón, antes de empezar la Situación Imaginaria, ¿qué despierta en mí? Vamos a buscar ese "algo especial". Para estudiarlo hay que considerar detenidamente los diversos aspectos de nuestra relación, hasta ver nacer en nuestro interior algo específico. Trata de evitar lo general: "le quiero", "le odio", "es una buena persona", etc. Estos términos, por generales, son tópicos y no van ayudar a activarte. Si reflexionas detenidamente sobre esta persona, sobre los detalles de su forma de ser o de comportarse para contigo (y tú para con ella) verás cómo los tópicos desaparecen y empiezan a nacer dentro de ti sensaciones al principio pequeñas y luego más grandes, sensaciones que te movilizarán interiormente y que, seguramente, te sorprenderán. Por ejemplo, una chica estudiando su Relación Emocional respecto a su compañero de ejercicio: "—¿Qué ves de interés en él? —¡Hum... no sé... que es guapo..., bueno, muy guapo". ¿Sería eso una Relación Emocional? No, todavía no. "—Trata de investigar más; por ejemplo: ¿Sabe que es guapo? —Sí, sí, sí, ... se lo tiene creído".

Como verás, poco a poco va despertando una reacción interior en ti. Podríamos entonces llegar a que ese chico para ti es guapo *pero* no simpático, porque lleva su belleza en la solapa como si fuera un clavel o una medalla; y tú le desprecias por ello. (Has empezado tu estudio de la Relación Emocional con la belleza y has acabado con el desprecio). O bien, "esa persona es muy mezquina: nunca paga ni una invitación; *pero* no sé como se las arregla, pues el que paga siempre soy yo. ¡Seré imbécil!..." (Aquí he empezado concentrándome en su mezquindad y he acabado despreciándome a mí mismo.)

Habrás visto, en ambos ejemplos, que he subrayado la palabra "pero". Ese "pero" es la clave para añadir un nuevo conflicto a la relación: ¡¡una nueva lucha! (¡Sí! Otra lucha más, dentro del conflicto de la situación. Así evitarás generalizar y la Relación Emocional estará viva: creciendo constantemente, desarrollándose conforme el ejercicio vaya sucediéndose.) He aquí otros ejemplos:

"—Es muy buena persona, *pero* yo no busco la ocasión para estar mucho tiempo con él"; "—es un camorrista, siempre buscando peleas, *pero* está dispuesto a lo que sea y yo no. Yo no soy capaz de eso. Es un camorrista *pero* le admiro"; "—es una mandona, le encanta mandar a todo el mundo, *pero* me encanta que me mande a mí" (atracción sexual)...

Esos PEROS son los que definen que se provoque realmente una Relación Emocional, porque la Relación Emocional no es lo que esa persona sea, sino lo que su ser provoca en ti, lo que significa para ti.

En las primeras etapas de la formación, te ayudarán más los aspectos negativos del otro; pero no es necesario que siempre sea así. Lo importante es practicar diversas relaciones emocionales, y que te hagan conocer más y más los distintos aspectos de tu personalidad con referencia a tus reacciones con las otras personas. A veces las auténticas razones de una Relación Emocional no están en la otra persona, sino en mí mismo o referidas a terceros o a situaciones sociales externas a la relación.

Lo mejor, en el estudio, no es elegir una Relación Emocional sino QUE LA RELACION EMOCIONAL TE ELIJA A TI. Considera los antecedentes que más te han impresionado. Deja "hervir" dentro de ese inmenso puchero que eres tú, los detalles que más te interesan de la otra persona, todos —de hace un año o del último encuentro. Investiga los "porqués" de ese interés o de esa impresión, y deja nacer.

Debemos preguntarnos: "—¿Esa relación es conocida por la otra persona? ¿Hablarás de ella alguna vez? ¿Nunca? ¿Por qué? "Y finalmente": ¿Qué pienso yo de esa relación? ¿Me avergüenzo? ¿Me río? ¿Me siento ridículo? etc, etc". El descubrimiento de la Relación Emocional que tienes con la otra persona es otra de las metas de los ejercicios durante la improvisación. Concéntrate en ella y vuelve a interrogarte: "—¿Qué piensa de mí? ¿Está ocultando algo? ¿Se comporta conmigo como siempre o algo ha cambiado? ¿Por qué?" Preguntas o inquietudes que debes usar durante el ejercicio e intentar resolver. Dentro de poco verás la importancia de este punto: cuando lo apliques a tu trabajo sobre las escenas y en las escenas mismas.

Ejemplos posibles de relaciones emocionales que una vez desarrollados podrían dar lugar a una determinada emoción final. (Recuerda que son *ejemplos orientativos* y que es muy difícil, por no decir IMPOSIBLE, SABER CUAL SERA EL RESULTADO DEL TRABAJO al iniciar la búsqueda de la Relación Emocional. Empieza con una idea y DEJA QUE TU IMAGINACION TE SORPRENDA.)

A) "—Es un verdadero hipócrita (recuerdo tantas ocasiones concretas en las que me lo ha demostrado)... ¿Qué despierta en mí su hipocresía?... Verdaderamente es increíble lo que hace con la gente... ¡Qué caradura!... No sé como tiene valor... ¿Por qué está sonriendo?... Tengo que reconocer que me divierte su cinismo... ¡Qué risa cuando le dijo a aquel profesor que... ¡Me encanta su hipocresía... entonces ¿soy yo el hipócrita? ¡Qué ironía!"

B) "—Es muy egoísta, pero es muy vulnerable... ¿qué despierta en mí esa vulnerabilidad?... ¡Ahí!, me da pena... me conmueve, entonces, ¿es que yo... ?"

C) "—Es más terca que una mula, pero me encanta..."

D) "—Es un buenazo, pero tan informal que me irrita y casi me saca de mis casillas cuando lo veo... "

E) "—Es admirable, pero su soberbia me molesta... ¿Envidia?" Etcétera, etcétera.

Como supongo que habrás comprendido... ¡adelante! ¡Tómatelo como un juego! y empieza con las tuyas... El trabajo con las relaciones emocionales implica la necesidad de pensar mucho, de estrujar tu historia anterior con esa persona, hasta que surja la imagen que te provoque lo suficiente para poder utilizarla como Relación Emocional.

PRIMER CONTACTO, TRAMPOLIN DEL EJERCICIO

Al explicarte este momento, crucial para la técnica, puede parecerte al principio muy complicado. Pero, como siempre, dentro de poco, en cuanto lo domines, se convertirá en un arma muy útil en tus manos.

El PRIMER CONTACTO es el trampolín que te ayudará a empezar un ejercicio con toda tu técnica dispuesta para serte eficaz. Como su propio nombre indica, *es la comunicación que se produce en el momento en que descubres la presencia de la otra persona.* ¿Qué es lo más claro que recibes de ella? Esto va a exigir de ti y de la otra persona, una concentración máxima, *en el mismo momento en que te enteras de la presencia del otro.* Necesitáis como norma, como disciplina, recibir del otro. Oblígate a detenerte justo cuando descubras a la otra persona. Bien entre, bien se encuentre en el lugar.

Toda tu antena, toda tu intuición debe estar enfocada para recibir de la otra persona, como un perro de caza, olfateando. Si los dos actores han preparado bien, este contacto debe provocar una chispa, una descarga eléctrica. Descarga teatral que nos ayudará a evitar lo casual. Como cualquier buen montaje exige, nada más subir el telón, un clima teatral, aunque la primera escena sea meramente expositiva o de presentación —porque esa primera escena tiene que atrapar el interés del espectador—, así también nuestra técnica, que se servirá de este Primer Contacto para asegurar un comienzo teatral a nuestros ejercicios.

La mecánica del Primer Contacto es simple; no puedes decir ni hacer nada, ni siquiera moverte, hasta que no hayas captado algo de la otra persona y ese algo haya producido en ti una reacción. Reacción que no sabes antes de entrar a hacer el ejercicio ¡ni quieres saber!, porque depende del comportamiento de la otra persona. Antes de que aparezca ninguna historia, ningún saludo; antes, incluso, de que el Antagonista pueda volver a su actividad; antes de nada, debes realizar el Primer Contacto.

Te aseguro que si te entrenas para ello, una vez hecho, tenemos muchas posibilidades de estar a las puertas de una buena improvisación. Aunque al principio puede resultar muy duro, ya que todo debe detenerse. ¿Por cuánto tiempo? Dependerá de los dos. A veces un segundo, un minuto o un instante. Es un juego de dos. Sólo con los dos captando y dejándose provocar, puede funcionar. Para bailar el tango, hacen falta dos.

El Primer Contacto dirige el proceso de la vista, el oído y todos los sentidos de tu cuerpo hacia el cerebro. ¿Qué significa para ti lo que estás recibiendo, según tu deseo? ¿Qué ha despertado mi presencia en la otra persona? Lo que ha producido en ti: ¿Lo quieres comunicar? ¿Prefieres ocultarlo para la mejor consecución de tu deseo? ¿Lo que has captado del otro, es sincero? ¿Está ocultándote algo? etc. Una vez puesto en marcha, tu organismo (según lo que esté ocurriendo realmente en tal momento) puede reanudar tu actividad o tu acción. Antes no. ¡¡Prohibido! ¿Cómo esperar que salga bien? Ambos deben saber esperar activamente para dejarse provocar por la primera impresión que se recibe. Desarrollar las antenas para captar:

NO DAR, SINO RECIBIR.

Para el Protagonista: en la acción marcada por tu RAZON PARA ENTRAR, déjate sorprender por la presencia inesperada del Antagonista. ¿Cómo está? Si está haciendo algo ¿cómo lo está haciendo? ¿Ha notado tu presencia? ¿No lo ha notado? ¿Está disimulando? ¿Quieres que la note? ¿Sí? ¡Adelante! Ya tienes tu comportamiento activado por la otra persona y puedes empezar a perseguir tu objetivo.

Para el Antagonista: ¿cómo ha entrado el Protagonista? ¿Por qué? ¿Su sorpresa al verme es fingida? ¿Venía a buscarme? ¿Me desagrada cómo está? ¿Quiero comunicárselo? ¿Prefiero estar solo?, etc.

A partir del Primer Contacto, como punto de arranque del ejercicio, todo irá conformándose en una especie de ping-pong donde no puedes jugar por tu cuenta, sino siempre atento al juego de tu compañero.

Nunca valoraremos bastante la importancia del Primer Contacto. No te importe insistir en trabajarlo una y mil veces, hasta que, como actor, comprendas dentro de ti mismo el funcionamiento de recibir y reaccionar en este primer encuentro de dos personas que, de pronto, entran en contacto dentro de las circunstancias dadas, dentro de una Situación Imaginaria. Al principio vamos a prolongar al máximo la duración de este momento. Luego, la propia dinámica de la improvisación, irá marcando su específica duración. Después, las preguntas internas y sus reacciones dependerán del desarrollo, de la "vida de la improvisación".

Debes habituarte a recibir la realidad que lleva consigo la otra persona. Conforme desarrolles tu técnica irás captando no sólo lo más llamativo sino todo, hasta los menores detalles. Cada vez más. Si piensas, otra vez, en niños jugando, te darás cuenta de la enorme importancia que le dan a todas las cosas, por pequeñas que parezcan. Por eso, su comportamieto nunca es casual. Todo improvisado y nada indiferente. Como en el "jazz", que produce en el público el suspense, al no saber qué nota vendrá después. (Como nota interesante, date cuenta de que en inglés y en francés se usan los verbos "to play" y "jouer", que significan "jugar", para designar la labor de un actor. En alemán, el teatro, el lugar donde se hace teatro, se denomina "*Schauspielhaus*", lo que quiere decir la casa donde se juega. En castellano, en cambio, se habla de "hacer" un papel.)

Adiéstrate en recibir de todo, ¡de todo! Hasta que consigas hacer de ello un hábito. Sabrás que lo has conseguido cuando no tengas ya que obligarte a recibir, cuando, sin pensarlo, lo necesites como el aire. Porque esa es la fuente de tu creación y tu alimento durante las improvisaciones, y lo será durante tu trabajo, el resto de tu vida. El hábito hará fácil lo difícil. Richard Burton dijo una vez que su mayor placer al trabajar con Katherine Hepburn era que no tenía más que concentrarse en ella y recibir: ella lo hacía todo. Probablemente la actriz pensaba, tambien, que era él quien lo hacía todo.

EJEMPLO DE UN EJERCICIO DE IMPROVISACION

Este ejercicio es meramente orientativo. Nunca debes usarlo: en ninguna improvisación. Piensa que LAS IDEAS, PARA QUE PUEDAN ACTIVARTE INTERIORMENTE, HAN DE SER SIEMPRE TUYAS.

Antecedentes de la Situación Establecida (statu quo)

Actor y actriz, alumnos de la misma clase. La profesora de técnica les ha mandado hacer un ejercicio para mañana. Habían acordado prepararlo esta mañana, en casa del Protagonista, pero la Antagonista no se ha presentado. El Protagonista ha llamado a su casa y le han dicho que había salido al campo.

Preparación Conjunta:

- *Deseo* (acordado por ambos): Vámonos a mi casa, ahora mismo, a preparar el ejercicio para la prueba de mañana.

- *Relación Social*: Compañeros de clase. Amigos del barrio.

- *Lugar*: Aula de la clase. (El Protagonista la dejó, la última vez, muy limpia y ordenada, porque le tocó a él el turno de limpieza.)

Protagonista

Deseo (lo que necesito aquí y ahora): Que ella venga conmigo a mi casa a preparar el ejercicio, porque aquí va a empezar AHORA una reunión de profesores. *¿Por qué lo quiero?* Porque durante las últimas semanas, a causa de mi trabajo, he tenido que decir en clase que no estaba preparado. Mañana es mi *última* oportunidad. Si no presento el ejercicio, pueden echarme. Además, la profesora está dirigiendo una serie en T. V. y me han dicho que el próximo episodio tiene muchos personajes jóvenes, así que podría haber un papel para mí. *¿Por qué lo necesito del Antagonista y no de otra persona?* Porque es la que ha nombrado la profesora. Además, es la chica que tiene más técnica de la clase. Hemos trabajado antes juntos y salió un ejercicio muy bueno. No hace falta, por lo tanto, empezar de cero, porque ya nos conocemos; y yo necesito que el ejercicio salga no sólo bien, sino muy bien. Pero, *¿dónde está el Antagonista en este preciso instante?* Sé que se ha ido al campo. Me lo han dicho en su casa.

Urgencia: Tardo quince minutos en llegar a la piscina donde trabajo de socorrista y ¡YA tenía que haber empezado mi turno! No salgo de allí hasta las doce de la noche y la clase mañana es a las nueve. Si no acordamos algo enseguida, ya no podré hacer mi preparación a solas (que es la que me lleva más tiempo.)

Relación Emocional: Es una chica estupenda "pero" muy irascible. Se enfada enseguida cuando le llevas la contraria. Y lo peor de todo es que a mí me encanta "picarle", hacerla rabiar. Su comportamiento despierta algo perverso en mí, que me divierte.

Estado de Animo: Avergonzado. Al venir un día hacia aquí, he intentado ayudar a una ciega a cruzar la calle; cuando he ido a cogerla del brazo, se ha vuelto como una fiera hacia mí, se ha desprendido de mi mano violentamente y ha empezado a gritar: ¡Sinvergüenza! ¿Qué hace Vd.? ¿Qué quiere? ¡Será fresco! ¿No ve que tengo perro? ¿Es que no tiene ojos en la cara? Ha sido un escándalo enorme, con todo el mundo mirando y el perro gruñendo y mostrándome los colmillos, a punto de morderme... ¡¡Uf!!... ¡No voy a ayudar a un ciego en mi vida! ¡¡Jamás!!

Razón para entrar: He tenido que venir a la escuela a recoger mi equipo deportivo de la piscina, que me dejé ayer. Mi coche ha quedado mal aparcado y la secretaria —¡siempre dando buenas noticias!— acaba de decirme que la grúa se está llevando un coche. Entro al aula, ahora que no hay clase, para ver, desde la ventana, si es el mío. ¡Rápido!

Antagonista

¿Por qué no quiero concederle su deseo? Esta mañana no he podido preparar con él el ejercicio, porque tenía una prueba en exteriores para un "spot"; como no tiene teléfono, me ha sido imposible avisarle. Somos amigos de muchos años, del mismo barrio. Pero siempre hay que hacer las cosas cuando él quiere, cuando le conviene. Estoy harta. Ha abusado durante todo este curso. Siempre con excusas por los problemas con el horario de su trabajo y porque no tiene teléfono. Tengo que convencerle para que diga en clase mañana "—¡No estoy preparado!". Mejor aún, que no vaya a clase.

Razón secreta (que no quiere comunicarle): Voy a hacer el ejercicio con otro chico, con el que trabajo mejor y, además, me gusta mucho. Ya lo hemos preparado y muy bien, por cierto. Así que cuando la profesora vea el ejercicio, no le importará que haya cambiado de pareja.

Razón para no anticipar: Está trabajando de vigilante en una piscina. Tiene que estar de servicio, es su horario.

Hacer la casa, una vez que el Protagonista ha salido al pasillo a prepararse: Anoche se celebró el cumpleaños de una compañera. Dejamos el aula llena de serpentinas, confeti, globos y restos de comida y bebida. Desorden y suciedad por todas partes. (Todo esto debe prepararlo el Antagonista sin que lo sepa el Protagonista)

Actividad: Me hice yo la responsable, ante la Dirección, de esta fiesta. Me comprometí a dejarlo todo en perfecto orden para esta mañana. Anoche estaba agotada y cuando llegué a casa, tenía lo de la prueba. Llamé a una compañera y me prometió que ella lo haría, pero al llegar me lo he encontrado igual. Es una informal. Hago la limpieza para pagarme la matrícula. La secretaria me ha dado ya un aviso; dentro de diez minutos hay aquí una reunión de profesores. Me juego mi beca. Tengo que terminar y marcharme para saber los resultados de mi prueba en la agencia de publicidad.

Estado de ánimo: Asustada y confusa. En el metro me di cuenta de cómo un chiquillo me hurtaba la cartera. Decidí seguirle (¡llevaba en ella toda mi documentación!) y cuando vi que pasaba por allí un policía grité:

"—¡Al ladrón!". El policía le detuvo y me dió lo que me había quitado, pero me pidió también que le acompañara a la Comisaría para formular la denuncia. Entonces vi la cara que puso el muchacho al oír esto último, la expresión de sus ojos..., ¡era tan joven! Y ahora siento no haberle perdonado. Esos ojos, ay, no puedo olvidarme de esos ojos...

Bueno, pues ahí tienes un pequeño ejemplo. Tienes que saber que el verdadero estudio de un ejercicio, es precisamente lo que le falta a éste. No me cansaré de repetírtelo. Lo fundamental es que las conclusiones de cada uno de los apartados sean sinceras, específicas y que signifiquen algo para ti. El camino es pensar, recordar, sentir, revivir, descubrir... hervir durante mucho tiempo, todos y cada uno de los momentos; para que, al final, las imágenes resultantes (concretas, claras y sencillas) activen tu comportamiento.

Hay que aprender a "soñar despierto". Las imágenes de nuestra imaginación son frágiles, muy delicadas. Tan fugaces y escurridizas como las de un sueño, que se escapan cuando tratas de recordarlo, o como una gota de mercurio si la quisieras coger con los dedos... pero, una vez atrapadas, quedan como imágenes fijas y servirán para abrirnos instantáneamente la ventana que da al campo de tus emociones.

En un curso normal de formación, por regla general, esta etapa dura un año de práctica. Ejercicios, correcciones. Cambio de parejas y de papel. A veces, Protagonista; a veces, Antagonista. Miles de temas en juego (aborto, eutanasia, amor libre, enfermedades, trabajo, amistad, dinero, etc, etc.), miles de actividades posibles, cientos de relaciones emocionales y sociales, ya que, poco a poco, deberás ir ampliando el juego de la Relación

Social. Ampliar poco a poco significa ir inventado otras relaciones que podrías haber tenido con tu pareja, que no te sean imposibles de creer. Empezamos con compañeros de clase. ¿Por qué no novios? ¿Hermanos tal vez? ¿Hermanastros? ¿Cuñados? ¿Compañeros de trabajo? ¿Vecinos? ¿Amantes? ¿Marido y mujer? etc. De la misma manera podremos ir variando el lugar. Siempre dentro de una lógica y sin usar objetos imaginarios. Por eso es mejor que el curso tenga lugar en un espacio lo más neutro posible, y con muchas puertas: así podremos ir convirtiéndolo en, por ejemplo, la sala de juntas de una reunión de vecinos, o en el local de ensayo de un grupo, o en el cuarto trastero de unas oficinas, o en un cuarto vacío de una casa, o en la sala de espera de una consulta (¿por qué estás allí?), etc, etc.

Finales posibles

La práctica de ver muchos ejercicios me ha enseñado que, generalmente, hay un exceso de ejercicios terminados en empate, acabados en punto muerto. No gana ni uno ni otro. ¿Por qué? Un ejercicio bien improvisado puede tener también otros finales:

I — (Lo típico) Empate.

II — Uno de los dos gana (uno admite su derrota; no os importe perder: ¡se trata de convencer, más que de vencer!).

III — Una componenda entre los dos.

IV — Descubrir una nueva percepción en el conflicto. Descubrir algo nuevo sobre ti o sobre la otra persona. Un nuevo punto de vista sobre dos comportamientos en el conflicto. Así, los dos han ganado. (En el capítulo 3º, en el *Trabajo de Mesa* sobre una escena de "Tres Hermanas" hallarás un ejemplo ilustrativo de esta posibilidad.)

Si en la improvisación ocurre algo tan serio que te hace cambiar de objetivo, ¡déjalo vivir!, ¡sigue tu impulso!, ¡descubre algo más de ti y de la otra persona!

ECONOMIA

Alguien le preguntó a Miguel Angel que cómo era posible que de un simple trozo de mármol, hubiera salido ese milagro, esa maravilla que es "La Pietà". Miguel Angel contestó: "es muy sencillo, sólo elimino lo innecesario".

El diccionario dice que la *economía* es la virtud de eliminar gastos inútiles. Pues bien, de eso se trata en nuestra técnica: de hacer las cosas con *economía.*

En el proceso de tu formación es muy importante que reconozcas lo que es estar activado interiormente. Pero, ¿cuánto esfuerzo necesitas para ello? Economía, para la técnica, es usar la justa medida de tu esfuerzo y de tu tiempo para alcanzar tus metas. Ni más ni menos. Cada paso, cada momento, requerirá un esfuerzo determinado, sin malgastar ni un poco más: MENOS ES MAS.

El profesor te ayudará en tus ejercicios, llamándote la atención sobre lo que es *suficiente* para que puedas ir cultivando el sentido innato de lo que es bastante en las etapas de tu preparación, y no pedirte más. Seguir insistiendo, una vez sobrepasado lo suficiente, puede ser muy agradable para el actor, pero no deja de ser una especie de masturbación emocional que interfiere en la eficacia de su preparación.

Ya debes reconocer cuándo te sientes activado. Practica en arrancar estados de ánimo con un mínimo de imágenes en el menor tiempo posible. Uno, otro, y otro más... Trabaja tu preparación a partir de ahora con esta idea de ahorrar tiempo y trabajo. Esto te será de gran utilidad en el ambiente, generalmente precipitado, de los ensayos profesionales. La meta de la *economía técnica* es el reconocer cuándo has alcanzado el objetivo que estés trabajando. Recuerda que toda preparación, en sí misma, es un medio, nunca un fin.

Aunque al principio te sentirás incómodo y creerás que necesitas más tiempo, poco a poco te darás cuenta de lo ridículo que es ver a una persona emplear la fuerza que necesitaría para levantar un piano, cuando tiene que recoger una caja de cerillas. No hay nada más triste que cuando el público capta el esfuerzo excesivo de un actor y dice: "—Qué bien trabaja. ¡Cuánto esfuerzo!". Señal inequívoca de que admiran el trabajo, pero no han creído en él. Este es uno de los grandes y enternecedores problemas de los jóvenes actores; su necesidad de apoyarse, por falta de técnica, en un derroche innecesario de energía. Nunca verás este tipo de despilfarro en un buen profesional. En un mal profesional, tampoco; pero no olvides que éstos no saben, ni quieren trabajar.

La técnica dominada, "domada", hace parecer sencillo lo más difícil y espontáneo lo más elaborado. Será el profesor el que juzgará cuándo es el momento en que tu técnica sea lo suficientemente fuerte y segura dentro de ti, para que puedas dar el siguiente paso: ¡Prepárate! Vamos a empezar la Segunda Etapa. El descubrimiento del comportamiento de un personaje dentro tuyo. ¡Vamos a ello!

CAPITULO 2:

SEGUNDA ETAPA

OBJETIVO:
DESCUBRIR EN UNO MISMO
EL COMPORTAMIENTO DEL PERSONAJE

EJERCICIOS DE IMPROVISACION, BASADOS EN EL ESQUEMA DE LA PRIMERA ETAPA SOBRE ESCENAS DE OBRAS TEATRALES.

Al fin vamos a enfrentarte con una escena, vas a dar el primer paso para INCORPORAR UN PERSONAJE. Incorporar, según el diccionario, es la unión de dos o más cosas, para que hagan un solo cuerpo entre sí. En su segunda acepción es levantar un cuerpo. Los dos significados nos valen. Por un lado vamos a tratar de unir el personaje creado por el autor en un texto literario y ese mundo vivo, lleno de calor, pasión, células, hormonas, memoria y cerebro que es el actor, con el fin de hacer un único cuerpo que será el personaje teatral. Por otro, vamos a levantarlo para que se mueva y reaccione. En una palabra, para que viva. Para que sea capaz de conmovernos, emocionarnos, hacernos vibrar. Stanislavsky habla de "reencarnación" del personaje a través de un profundo conocimiento de uno mismo. Es la misma idea.

Cualquier personaje de cualquier escena de buen teatro, por complejo que nos parezca, es infinitamente más pequeño que tú. ¿Podrías reducir toda tu vida, un año o tan siquiera un día, a unas hojas de papel? ¡No! Sería imposible, ¡ni siquiera siendo otro Proust! Dentro de ti existen miles de posibilidades, miles de realidades. Muchas de ellas las muestras al cabo del día, otras sólo aparecen en contadas ocasiones y otras muchas, son las que la educación, o los miedos, o la conveniencia, te hacen esconder de los demás y hasta de ti mismo. Si has hecho muchos e interesantes ejercicios en la Primera Etapa, habrás empezado a descubrir esas posibilidades y podrás empezar a utilizarlas por medio de la técnica.

TODA nuestra concentración, en esta etapa, deberá estar centrada en este objetivo: ENTENDER orgánicamente las razones del comportamiento de los personajes y DESCUBRIR en ti mismo algo relacionado con ese comportamiento. A veces la búsqueda es divertida, fácil y gratificante (trabajar con la alegría, generosidad, ciertas clases de amor, etc.) pero la mayoría de las veces, dejar a un lado parte de tus cualidades y reconocer la existencia de facetas no tan agradables de tu propia personalidad es duro, difícil y angustioso. No todos los actores quieren o son capaces de abordar este camino y prefieren repetir una y otra vez un carácter que les resulta cómodo y no les produce inquietudes.

"FORMULA" DE UNA ESCENA

Comenzaremos preguntándonos: ¿qué circunstancias deberían darse en mi vida para que yo me comportara como el personaje? Para contestar a esta pregunta nuestro camino debe ser:

1— *Estudiar* la escena elegida para conocer las circunstancias y las razones del comportamiento del personaje en la situación dramática.

2— *Establecer* la estructura básica de esa escena: eliminando lo circunstancial, dejando la esencia.

3— *Encontrar* una "Fórmula" de esta estructura esencial y general sobre la que podamos aplicar el esquema de los ejercicios de la etapa anterior e improvisar con temas de nuestra vida y nuestra problemática.

De esta manera, trabajar siendo nosotros mismos, pero relacionados con lo esencial de la escena elegida; así es como iremos poco a poco encontrando en nuestro interior los comportamientos de los personajes. La meta, por tanto, en estos primeros momentos, es el descubrimiento interior del comportamiento del personaje. *Es un entendimiento emocional interior*. Posteriormente, en la Tercera Etapa, iremos ocupándonos del trabajo sobre el personaje y sus demás características o peculiaridades. Por ahora, nos basta este conocimiento interno.

¿Cómo descubrir la estructura interior de una escena, lo que nosotros llamamos también la "espina dorsal", la "esencia", la "almendra" de una escena? Hablando técnicamente: ¿Cuál es la FORMULA DE LA ESCENA? Lo primero que hay que hacer, como siempre, es descubrir el conflicto principal que mueve la escena; después,

(a) el motor, la causa de ese conflicto (sin espectro, no hay "Hamlet").

(b) la razón primaria que hace que la escena tenga lugar (el gatillo que dispara la situación) y

(c) decidir cuál de los personajes es el Protagonista (el que quiere cambiar el statu quo) y cuál el Antagonista.

Vamos a tomar como ejemplo,

ANTIGONA de Sófocles
(Versión de José María Pemán, Ed. Alfil, Colección Teatro nº 50, págs. 23-26).

Hemos elegido la primera escena entre Antígona e Ismene:

ANTIGONA.—
¿Has escuchado Ismene?... Sobre el monte
se va a pudrir la carne de tu carne.
ISMENE.—
¡No lo digas!
ANTIGONA.—
¡Son ellos los que dicen!;
¿no lo escuchaste, Ismene?
ISMENE.—
Escuché la amenaza de Creonte.
ANTIGONA.—
¡Y yo escucho la voz de Polinices!
ISMENE.—
Perderás la razón, hermana. Cierra
esas cortinas.
ANTIGONA.—
¡Déjalas abiertas!
Necesito el consejo de la noche...
Esa luz... sobre el monte...
ISMENE.—
Es que amanece,
tal vez...

ANTIGONA.—
Acaso, hermana,
tienes razón. Acaso sobre Antígona
amanece la gloria de su sangre.
¿Cuento contigo, Ismene?

ISMENE.—
¿Qué maquinas?

ANTIGONA.—
Dame, Ismene, esa cántara de vino,
ese ungüentario... y esas rosas.

ISMENE.—
¡Habla!

ANTIGONA.—
Iré al monte esta noche
y haré con Polinices
el oficio piadoso de una hermana.

ISMENE.—
Antígona, ¿qué dices? ¿No has oído
que Creonte prohíbe con la muerte
lo que intentas?

ANTIGONA.—
¡La muerte! ¿Y no es, acaso,
la muerte ya vivir así humilladas?

ISMENE.—
¿Vas a jugar la vida en el empeño?

ANTIGONA.—
¡Mi vida es esa luz que arde en el monte!

ISMENE.—
¡Lo imposible te indulta en todo caso!

ANTIGONA.—
¡Imposible!... ¡Pronuncias tal palabra...
y eres hija de Edipo!

ISMENE.—
Se me clavan tus voces en el pecho.

ANTIGONA.—

¡Y a mí en el mío los pelados huesos
de mi hermano insepulto, como espadas!

ISMENE.—

Tiemblo por ti...

ANTIGONA.—

Las hojas en el árbol
tiemblan, Ismene. El tronco está tranquilo.

ISMENE.—

Piensa tú que Creonte
tiene su parte de razón... Ha muerto
luchando contra Tebas, Polinices.

ANTIGONA.—

¡Es tu última palabra la que has dicho!
Conmigo no vendrás... Darle al tirano
su parte de razón es darle todo.
Si él nos exige la obediencia ciega,
¡ciega ha de ser, también, la rebeldía!
Echate por los ojos esos velos
que tejieron las manos de tu madre;
esos con los que jugaba Polinices
de niño: y no verás más que los tuyos,
tu casta, tu razón y tu justicia.
¡Si le das al contrario una migaja
de tu razón, ya admites tu derrota!

ISMENE.—

¡No! Antígona... Un momento...

ANTIGONA.—

¡Suelta!

ISMENE.—

Escucha.
Yo he rogado a los dioses que resuelvan
nuestro infortunio. Hoy mismo, de mañana,
Antígona, fuí al río,
y el anillo — ¿recuerdas?— que mi padre

me dió una tarde, aquel que lucía
aquella piedra verde como el campo,
se lo arrojé a los dioses de las aguas
en sacrificio... Espera su respuesta.

ANTIGONA.—
¡Pobre Ismene! Los dioses
no suben los caminos empinados:
ayudan al mortal que los emprende.

ISMENE.—
¡No saldrás! ¡No saldrás!

ANTIGONA.—
¿Ves?, ¡esos cuervos
—¿los ves?— que pasan llevando en el pico
sangre de Polinices!

ISMENE.—
¡No te tortures de ese modo!

ANTIGONA.—
¡Mira!,
¡esos perros —¿los ves?— en sus hocicos,
sangre de Polinices!... ¡Sangre tuya!

VOZ LEJANA DE NIÑOS.—
¡La muerte a quien entierre a Polinices!...

ANTIGONA.—
Y eso ya no es pregón... Es juego... ¡Es burla
de nosotras! ¡Acaso
llevarán esos niños las correas
rotas de sus zapatos
para tirar los pájaros mañana!...
¡No más!, ¡no más!

ISMENE.—
¡Conmigo
está la sensatez!

ANTIGONA.—
¡Eso mañana
los siglos lo dirán, y los poetas!

a) El motor que mueve la escena es el cadáver de Polinices, hermano de ambas. Sin él no habría escena, ni obra.

b) El precedente inmediato es la orden de Creonte, tirano de Cadmos, por la cual el cadáver de Polinices deberá permanecer expuesto al sol y a las aves rapaces, como castigo a su traición. Este hecho sería, de todo lo ocurrido hasta ahora, uno de los más importantes. La escena es el momento dramático que refleja la crisis de las relaciones; por lo tanto, hay que estudiar qué circunstancias han arrojado a los personajes hacia esta crisis.

c) Antígona (como Protagonista) quiere la ayuda de Ismene para levantar el cadáver y darle sepultura (quiere cambiar el statu quo). Ismene se niega (como Antagonista). Así que, como verás, ya tenemos los elementos del conflicto.

En el estudio de la escena hablamos de los personajes utilizando sus nombres, en este caso Antígona e Ismene. Cuando hablamos de la Fórmula, hablamos de Protagonista y Antagonista. Y al hablar de las improvisaciones que se hagan sobre esta Fórmula, usaremos el nombre de las actrices.

Veamos los tres pasos:

1) ESCENA: Antígona quiere que su hermana vaya con ella a enterrar el cuerpo de Polinices, lo cual está prohibido por ley.

2) FORMULA DE LA ESCENA: El Protagonista pide al Antagonista "Vamos a cumplir con nuestro deber." Es importante recalcar que la Fórmula debe ser lo más general posible, para que pueda abarcar el mayor

número de situaciones personales de los actores. La Fórmula recoge lo esencial de la escena, abriéndola para permitir que nos coloquemos en ella desde nosotros mismos, con nuestras propias circunstancias. La Fórmula despersonaliza la escena para que la personalicemos nosotros. Por ejemplo: las circunstancias de Antígona (tener que enterrar un hermano contra la ley) son lejanas para nosotros, pero ¿quién no ha tenido que cumplir con un deber difícil? De esta manera y al trabajar con esta Fórmula, podremos "entender orgánicamente" el comportamiento de los personajes. No se trata de entender todos y cada uno de los detalles de la escena, sino de lo que se considere ESENCIAL. Después iremos hacia el resto.

3) ARREGLO: (Recuerda que los ejemplos que a partir de ahora usemos, son meramente orientativos y que sólo te servirán aquellos que verdaderamente te impliquen emocionalmente.) La actriz Begoña pide a la actriz Trini: "Comprométete conmigo a montar, nosotras solas, sin apoyo de nadie, la obra de nuestro amigo Manuel, a quien no le dejan hacerlo por tener antecedentes policiales. "A partir de aquí aplicaríamos el Esquema de nuestros ejercicios, lo más específica y concretamente posible. La validez del ejercicio se basa en la aplicación de la Fórmula, con sus valores esenciales, a los valores de las actrices (en este caso, el sentido del deber: ayudar a un amigo que, por ejemplo, ha sido injustamente tratado o se encuentra en una situación desesperada, etc.) La elección de estas circunstancias, de nuestras circunstancias, es fundamental. Debemos elegir, como en la Primera Etapa, circunstancias que conozcamos, que sepamos que pueden activar nuestro comportamiento, pero a diferencia de la etapa anterior, estas circunstancias tendrán que ajustarse al patrón de una Fórmula.

La meta es *encontrar en nosotros mismos comportamientos parejos a los de los personajes*:

¿QUE CIRCUNSTANCIAS DEBERIAN DARSE EN MI VIDA PARA QUE YO ACTUARA COMO EL PERSONAJE?

TIPOS DE RAZONES

Nuestro siguiente paso es añadir a la Fórmula el tipo de razones que mueven al Protagonista y al Antagonista para pedir o negar. Para ello, primero estudiaremos las razones concretas de los personajes de la escena, generalizando esas razones en la Fórmula; y las volveremos a concretar al convertirlas en razones personales de los actores en las improvisaciones. Ejemplo: escena de Antígona e Ismene: Antígona quiere que Ismene le ayude a enterrar a su hermano PORQUE es justo, PORQUE es lo que hay que hacer para poder seguir viviendo en paz consigo misma. Por humanidad hacia nuestro hermano, hacia nosotros mismas, hacia todos los seres. PORQUE las leyes humanas están por encima de las leyes sociales.

Ismene no quiere PORQUE para ella lo más importante es no alterar el orden, cumplir con lo establecido para poder convivir. La realidad está antes que la utopía. NO quiere PORQUE piensa que todo esto es una temeridad, y además inútil.

Así pues, si intentamos generalizar las razones del comportamiento de Antígona, si intentamos tipificarlas, podríamos elegir, en una de las muchas interpretaciones de la escena, que Antígona hace y pide lo que pide, por la creencia interna en una forma de conducta, por una fe interior, por una ética, en definitiva por UNA RAZON DE PRINCIPIOS.

Tendríamos que considerar otro aspecto de su razón. ¿Lo hace sólo por tranquilizar su conciencia? ¿Es, pues, una razón EGOISTA? ¿O lo hace por el bien de su hermano? ¿Entonces es una razón ALTRUISTA? O, una tercera posibilidad es que Antígona actúe por EL BIEN DE TODOS, DEL MUNDO. Aquí tenemos otras razones. Un tercer aspecto es si el personaje oculta algo de los demás o de sí mismo. ¿Son razones SECRETAS o NO SECRETAS?

Resumiendo: hay que generalizar las razones que mueven a los personajes; para ello podemos clasificarlas en tres grandes apartados:

1) RAZONES EMOCIONALES, PRACTICAS O DE PRINCIPIOS.

2) EGOISTAS, ALTRUISTAS O POR EL BIEN DE TODOS.

3) SECRETAS O NO SECRETAS.

Las razones secretas entrañan más dificultades ya que pueden ser, a su vez, secretas para la otra persona o secretas para el propio personaje (razones INCONSCIENTES conocidas por el actor, pero no por el personaje).

Te encontrarás muchas veces con escenas en las que el Protagonista o el Antagonista simulan actuar por razones totalmente diferentes a las que ocultan. Pueden pedir o negar algo por altruismo, cuando en realidad lo hacen por egoísmo. A veces dicen actuar por razones prácticas cuando son emocionales las que les mueven, etc. Trata de estudiar profundamente la escena y elegir exactamente cuáles son las razones sobre las que quieres trabajar para poder tipificar la Fórmula. Más adelante irás viendo ejemplos de posibles interpretaciones de una escena.

Volviendo al ejemplo de "Antígona":

El Protagonista quiere del Antagonista: Vamos a cumplir con nuestro deber (1) por una razón de principios (2) por el bien del mundo (3) y no es secreta. El Antagonista niega por una razón práctica, egoísta y no secreta.

ARREGLO:

Begoña quiere que Trini se comprometa a montar con ella la obra del amigo de ambas, Manuel: "—Obra que estábamos ensayando ya, pero el productor (Creonte) ha dejado colgados los ensayos porque ha descubierto que Manuel tiene antecedentes (traición de Polinices) por haber ocupado ilegalmente una vivienda. Manuel no se merece eso, ni como persona ni como autor. La obra es muy buena y nuestro amigo está pasándolo muy mal. Debemos hacerlo por él y por nosotros. NO podemos abandonarle ahora que nos necesita." (Como ves, aquí volveríamos a concretar, a especificar.)

Trini no quiere hacerlo porque no quiere arriesgar ese dinero, ni ese tiempo: "—No soy una heroína, necesito trabajar en otra cosa para ganarme la vida."

Sobre esta idea aplicarían estas actrices todo el esquema exactamente igual que en la Primera Etapa. Olvidándose de la escena, de cualquier idea premeditada sobre ella. La escena ya no existe, sólo existe la Fórmula y su Situación Imaginaria.

La mayor dificultad aparece al intentar explicar

cuándo un actor entiende dentro de sí, sinceramente, los motivos, los impulsos que mueven al personaje. En tal momento, el actor ha puesto a disposición del personaje sus propios sentimientos, sus movimientos interiores; ha sabido encontrar dentro de sí las parcelas que corresponden a las características esenciales del personaje. Cuando ocurre esto es fácil para el profesor, al principio, y con los años de práctica, para el propio actor, *darse cuenta* de que ha ocurrido. Se pueden explicar las consecuencias, las reacciones externas y las emociones; pero la verdad es que lo más delicado, lo más profundo, es mejor no tratar de analizarlo: se produce con técnica y relajación. Es un salto, un "click" misterioso que ocurre cuando no se busca directamente, aunque parezca un contrasentido. Aparece cuando el actor se concentra en las metas y se mueve por razones paralelas a las del personaje, cuando persigue objetivos similares; entonces, sólo entonces, podemos esperar que esa sensación mágica, ese "milagro", se realice: el actor se descubre a sí mismo con nuevos gestos, nuevos modos y nuevos comportamientos, tal vez incluso con nueva voz. A veces le sorprenden, a veces se reconoce a sí mismo en ellos, a veces sorprende a los demás... Pero siempre sentirá que es dueño de sus actos porque parten de su propio centro.

Entonces empieza ese maravilloso camino de descubrir que no eres tan realista o soñador como pensabas, o que sí, que lo eres mucho más de lo que nunca pudiste imaginar. Que eres sucio o angelical, torpe o brillante, libidinoso o asceta, sádico o compasivo. Empieza la búsqueda de ti mismo a través de tus personajes. Un camino ilimitado, cada vez más abierto, más amplio cada vez, como en todo arte. Un camino sin final.

EL "TIPO" DE UN ACTOR

Como es natural, durante mucho tiempo, el profesor te hará trabajar en escenas muy cercanas a tu propia personalidad. Irás descubriendo lo que es el TIPO. Llamamos "tipo", decimos que "un actor es tipo para tal papel" no porque físicamente se le parezca —aunque esto ayude a ello, claro está—, sino porque la cualidad más destacada en el actor lo que yo llamo la química del actor es semejante a la cualidad más destacada del personaje.

Si te fijas en cualquier persona, te darás cuenta de que siempre destaca en ella una cualidad por encima de otras. Lógicamente, si el actor sabe manejarla, consciente o inconscientemente, si está acostumbrado a convivir con ella, le será muy fácil dársela al personaje.

Día a día, un buen profesor te irá ayudando a que descubras por ti mismo tu "tipo" y lo que no es tu tipo, esos modos de ser que te van a ser difíciles de ofrecer como actor, comportamientos que, por lejanos, van a ponerte en dificultades. De todos modos, la técnica te ayudará a vencerlos, tu sensibilidad a comprenderlos y tu valentía a usarlos para el teatro. En Cine y TV el tipo tiene casi una exagerada importancia. En Teatro es posible experimentar contra tipo, y un reto técnico maravilloso para cualquier actor.

RESUMEN

Primera Etapa: Ejercicios técnicos sobre esquemas libres, para crear en el actor el hábito de comportarse orgánicamente en una Situación Imaginaria.

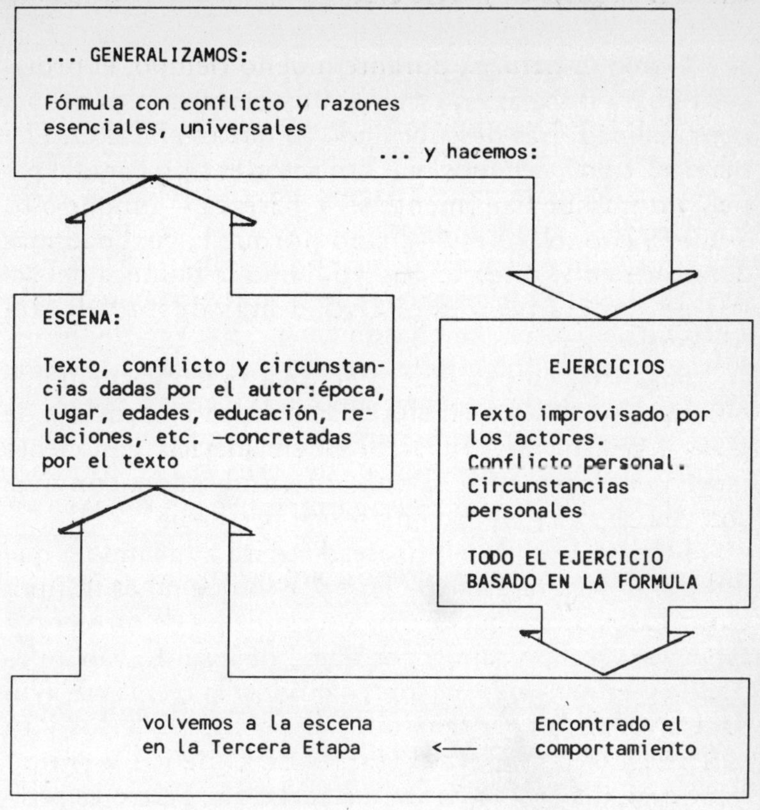

Figura: Resumen gráfico del trabajo en la Tercera Etapa de la Técnica.

Segunda Etapa: Ejercicios técnicos sobre esquemas basados en escenas teatrales, para relacionar el comportamiento del personaje dentro del propio actor, usando circunstancias personales.

Tercera Etapa: Ejercicios técnicos sobre las Fórmulas de las escenas.

La Primera Etapa se puede considerar como una etapa de aprendizaje técnico (como la barra del bailarín o las escalas del cantante). La Segunda y Tercera Etapas las consideramos como una auténtica investigación sobre la relación Actor-Personaje. Es decir, una auténtica interpretación. El gráfico de la página anterior puede aclararnos el camino que seguimos.

Haciendo ejercicios de este tipo sobre la Fórmula, estas dos actrices irían aclarando el comportamiento de Antígona e Ismene, en ellas mismas. Una vez encontrado un "Arreglo" bien improvisado que aclare este comportamiento orgánico, pasaríamos a la Tercera Etapa. Es decir, a improvisar como personajes. Pero no cantemos victoria todavía. Antes nos queda otro gran camino de investigación sobre los personajes, sobre la técnica y sobre nosotros mismos. Vamos a seguir usando escenas, estudiándolas y encontrando posibles Fórmulas.

EL ZOO DE CRISTAL, de Tennessee Williams. (Escena primera entre Amanda y Laura).

Entre los antecedentes de esta escena entre madre e hija, figurarían la situación económica de la familia, el abandono del padre y el defecto físico de Laura. El precedente inmediato es que Amanda acaba de enterarse de que Laura ha faltado a clase de taquimecanografía. Amanda quiere que Laura cambie de comportamiento, que sea capaz de hacer algo fuera de casa, que sea normal. Laura no quiere porque se pone enferma, su extrema sensibilidad le hace rechazar el contacto con la sociedad; necesita vivir en su mundo de cristal.

La Fórmula podría ser: la Protagonista quiere que la

Antagonista deje de hacer algo ridículo, por el bien de todos. Por una razón práctica, digna, altruísta y no secreta. La Antagonista niega por una razón emocional, egoísta y no secreta. Una posible interpretación del personaje de Amanda sería que para ella el fracaso de Laura es su propio fracaso. Ella no puede admitirlo. Entonces su razón secreta, que no quiere comunicar (tal vez inconsciente) sería emocional y egoísta.

MACBETH, de William Shakespeare.
(Escena entre Macbeth y Lady Macbeth —acto I, escena VII.)

Los antecedentes son el aviso a Macbeth por parte de las brujas sobre su camino al trono, la victoria en la batalla y la relación de fuerza y dependencia entre los dos. El precedente inmediato es la llegada inesperada del rey Duncan al castillo para pasar la noche. Lady Macbeth quiere, con un inteligente plan, aprovechar la ocasión y matar al rey entre los dos, acelerando así el ascenso al trono. Macbeth no quiere porque Duncan es su rey, su huésped y su amigo, le comen las dudas, desconfía de las brujas y teme las consecuencias de acto tan horroroso... aunque sí anhela sus posibles beneficios.

Una Fórmula podría ser: La Protagonista quiere del Antagonista que se atreva a llevar a cabo nuestro proyecto, peligroso pero con enormes posibilidades de beneficios, por una razón práctica, por el bien de los dos, no secreta. El Antagonista no quiere por una razón emocional, egoísta y no secreta.

A veces las escenas permiten una doble, una triple, una quíntuple interpretación. Como en este caso: si tomamos a Macbeth como Protagonista de la escena (es decir, Macbeth acordó llevar a cabo el plan, pero ahora su miedo, y sus dudas, le llevan a echarse atrás) y lo que querría sería convencer a Lady Macbeth de abandonar esta idea, sin despreciarla. En ese caso la Fórmula sería: el Protagonista quiere romper un acuerdo peligroso, por una razón emocional, egoísta y no secreta. El Antagonista no querría romper ese acuerdo por una razón práctica (una oportunidad única) por el bien de los dos y no secreta.

Escena de conflicto muy claro, especialmente por la variedad de estrategias y de posibles razones ocultas de sus personajes, sobre todo del Protagonista.

ELECTRA, de Sófocles.
(Escena entre Orestes y Electra)

Los antecedentes serían la muerte de su padre, Agamenón, a manos de Clitemnestra, madre de ambos, su casamiento con Egisto y la espera durante años del regreso de Orestes. El precedente inmediato es la vuelta de Orestes. Electra quiere que Orestes mate a Clitemnestra, para vengar la muerte del padre. Es la ley de la sangre. Por ello ha sacrificado su vida y no tiene dudas sobre lo que hay que hacer. Orestes no quiere porque es su madre, porque ha estado fuera mucho tiempo y esta historia, aunque suya, la vive como algo lejano.

La Fórmula podría ser: la Protagonista quiere del Antagonista que cumpla con un deber sagrado por una razón emocional (venganza) por el bien del mundo y no secreta. Antagonista niega por una razón emocional, práctica (lejanía) y no secreta.

EL ALCALDE DE ZALAMEA, de Pedro Calderón de la Barca.
(Ed. Cátedra, 3ª edic., 164-170 pp. Escena entre Pedro Crespo y D. Alvaro, Jornada III, versos 192 al 2337.)

Los antecedentes, la chispa del conflicto, son el rapto de la hija de Pedro Crespo y la deshonra consiguiente que D. Alvaro, ayudado de algunos soldados suyos, llevó a cabo esa misma noche. Precedentes inmediatos son el nombramiento de Pedro Crespo como Alcalde de la villa y la herida que Juan, hijo de éste, infligió luchando al capitán, lo que obligó a sus soldados a llevarlo a Zalamea para curarlo. El alcalde le pide al capitán que repare el agravio cometido casándose con su hija. D. Alvaro niega porque no está obligado un hombre de su clase, un militar, a responder de ofensa ninguna a un despreciable villano, por muy alcade que sea.

La Fórmula podría ser: el Protagonista necesita conseguir del Antagonista que cumpla con un deber sagrado hacia una 3ª persona por una razón ética, no secreta. (Razón secreta puede haberla y ser emocional y egoísta: si el Alcalde esconde que lo mueve sólo su propio orgullo herido por el honor que ha perdido.) El Antagonista no quiere por una razón mitad práctica, mitad emocional, egoísta, indigna, y no secreta. Otra fórmula: El Protagonista necesita lograr del Antagonista que enderece un entuerto por bien de una 3ª persona, por razón de principios, digna; su razón secreta puede ser práctica (su hija no hallaría marido y sería una desgraciada toda su vida). El Antagonista niega por razón práctica y social, egoísta, indigna.

LA CASA DE BERNARDA ALBA, de Federico García Lorca.
(Obras Completas, Ed. Aguilar, 1980, vol. II, pp. 923-927. Escena entre Martirio y Adela, del acto III.)

Antecedentes: Bernarda es viuda, con cinco hijas, todas solteras. Angustias, la mayor, fruto de un matrimonio anterior, es la más rica de las hermanas, por herencia de su padre, y está prometida a Pepe el Romano. Adela la más joven y hermosa de las hermanas, enamorada de Pepe, se revuelve contra lo establecido y en secreto mantiene relaciones carnales con él. Las otras la espían y le tienen envidia. El deseo de varón las quema. (Poncia, el ama, lo explica: "Mujeres sin hombre, nada más"). La otra hija, Martirio, ha visto a Adela abrazada a Pepe y le ha advertido con amenazas, que deje de verle.

Escena: En la madrugada. Adela, en enaguas, va por el patio para juntarse con Pepe en el pajar. Martirio, también en enaguas, escucha desde la oscuridad, loca de celos y envidia por el acto sexual. Llama a Adela y cuando ésta sale, estalla la escena. Martirio confiesa que también ella ama a Pepe, pero dice que, puesto que se va a casar con Angustias, no será no para una, ni para la otra. Adela insiste en que aunque se case con Angustias Pepe es suyo... y siempre será suyo. Martirio despierta la casa, y Adela desafía a su madre, con trágicas consecuencias.

Fórmulas posibles:

I. Protagonista (Martirio) pide: Deja de hacer lo que estás haciendo, que es indigno, por bien de 3ª persona; razón secreta, emocional, por mi bien. Antagonista (Adela) niega por razón práctica, emocional, egoísta, justa; razón secreta, práctica ("Martirio es una pobrecita, fea, coja, que no va a atraer a ningún hombre —y mucho menos a Pepe el Romano"), digna, por bien del Protagonista.

II. Protagonista pide al Antagonista que deje de traicionar a una 3ª persona por el bien de todos; oculta que es por su propio bien, que su razón es emocional e indigna. Antagonista niega por razón práctica, justa, egoísta, emocional, no indigna; esconde por bien del Protagonista.

EL EMBRUJADO, de Don Ramón del Valle-Inclán. (Ed. La Farsa, 1931, p. 23. Escena entre Don Pedro y La Galana, al final de la 1ª jornada.)

Antecendentes: Trágico suceso hace un año. El único hijo de Don Pedro, rico labrador, es asesinado por un desconocido en vísperas de su boda. Ahora Don Pedro ha recogido, con ánimo de adoptarle y reconocerle, a un presunto nieto suyo, fruto de las relaciones carnales que mantuvo su hijo asesinado con Rosa, la Galana.

Escena: Don Pedro pide que la Galana firme un papel, donde renuncia a su hijo para siempre, y así quedarse él, y sólo él, con la criatura, sin repartos de ningún tipo: todo mío o todo tuyo. Rosa insiste en sus derechos como madre y pide una recompensa práctica para con su "sacrificio", pero sin firmar nada. Don Pedro teme quedar en manos de una chantajista. Prefiere devolver el niño a Rosa. (El niño, en realidad, es hijo de Auxelo, ex amante de Rosa, al que ella ha "embrujado" hasta el punto de matar, por orden de ésta, al hijo de Don Pedro).

Fórmulas:

I. Protagonista (Don Pedro) pide concretar un acuerdo sagrado por bien de 3ª persona; razón secreta: práctica, egoísta, pero no indigna. Antagonista niega por razón práctica, justa, no indigna; razón secreta egoísta e indigna.

II. Protagonista (Rosa) pide un intercambio justo por bien de todos, por razón emocional y práctica; razón secreta egoísta e indigna. Antagonista niega por razón práctica, egoísta, no indigna.

III. Protagonista (Rosa): Cumple con un deber sagrado hacia mí, por razón práctica y digna; razón secreta, egoísta e indigna. Antagonista: No, por razón práctica, egoísta, no indigna.

UN TRANVIA LLAMADO DESEO, de Tennessee Williams.
(Escena entre Blanche y Stella.)

Los antecedentes serían la llegada de Blanche a la casa de su hermana, la ruina económica, la expulsión de Blanche del pueblo donde vivía y que Stella está esperando un hijo de Stanley. El precedente inmediato es la borrachera y la pelea de Stanley de la noche anterior. Blanche quiere que Stella abandone a Stanley y se vayan juntas. Para ella, convivir con Stanley es vivir como los cerdos. Tiene que salir de allí, pero sola no puede. Stella no quiere porque ama a Stanley tal como es.

La Fórmula podría ser: la Protagonista quiere de la Antagonista que rompa una relación indigna por una razón de principios, por el bien de las dos y no secreta. (La razón secreta es que Blanche se siente atraída y repelida por Stanley —lucha interior probablemente inconsciente—, siendo así una razón emocional y egoísta). La Antagonista no quiere por una razón emocional, egoísta y no secreta.

Vamos a estudiar a fondo una escena, a extraer de ella su Fórmula y pensar en un posible ejercicio que tuviera todos los ingredientes de nuestro esquema, para aclarar orgánicamente el comportamiento de los personajes en nosotros mismos. Para ello necesitamos hacer un más amplio estudio de la obra desde nuestra perspectiva actual; esto nos llevaría a una posible interpretación que sería la más adecuada a nuestro tiempo, y a nuestro punto de vista.

Toda buena obra admite, y provoca incluso, *muchas* estupendas interpretaciones de las escenas, de los personajes, de las frases y de la significación misma de la obra. Analiza el texto y extrae de él tu propia *interpretación*. Uso aquí la palabra "interpretación" en el sentido, por ejemplo, que un legislador le da a una ley, no en el sentido de actuar o representar un papel.

ROCCO Y SUS HERMANOS, de Luchino Visconti. (Traducción de L. G. Egido. Nuestro Cine nº 4 y nº 5, págs. 30-31. Escena de Nadia y Rocco.)

Antecedentes: son una familia de inmigrantes, formada por la madre y cuatro hermanos, que han dejado su pueblo para venir a trabajar a la ciudad. Viven en la miseria, pero juntos. Simón, el mayor, ha conseguido entrar en el mundo del boxeo y tiene como amante a Nadia, una prostituta. Ultimamente Nadia y Rocco, el hermano menor, que ignora la relación de éstos, han salido juntos y se han enamorado. Simón, fracasado como boxeador y como amante, se ha juntado con cuatro amigos y han sorprendido a la pareja, han sujetado a Rocco y en su presencia han violado repetidamente a Nadia. Desde entonces Nadia no ha visto a Rocco, aunque lo ha buscado por todas partes. Al fin ha conseguido citarse con él en la Catedral de Milán. Se encuentran en la terraza, junto al campanario.

Texto de *Rocco y sus hermanos:*

NADIA.— ¿Te he hecho esperar?
ROCCO.— No. He llegado hace poco.
NADIA.— Te agradezco que hayas venido.
ROCCO.— ¿Por qué has querido que nos volviésemos a ver?
NADIA.— Porque, porque yo... nosotros...
ROCCO.— No podemos volvernos a ver, Nadia.
NADIA.— ¿Pero... qué dices?
ROCCO.— No te pongas así, Nadia.
NADIA.— ¿Por qué no debemos vernos más nosotros dos? En lugar de matar a tu hermano, ¿quieres matarme a mí?, ¿qué te he hecho yo? He esperado todos estos días hasta que aparecieses. Te he buscado por todas partes. Y ahora... me dices que no debemos vernos más. ¿Qué ha ocurrido?
ROCCO.— ¿Por qué no me dijiste lo que te había ocurrido con mi hermano?
NADIA.— ¿Qué te tenía que decir? Sabes muy bien todo. Con Simón ha ocurrido lo que con otros. No te he escondido nada. Sabías todo, no mientas. Te lo he dicho todo.
ROCCO.— Yo no sabía que Simón estuviese tan enamo-

rado de ti. Sabía que algo había cambiado. Pero no había comprendido que ese algo fueses tú.

NADIA.— No es verdad.

ROCCO.— Sólo una persona desesperada puede hacer lo que hizo Simón la otra noche.

NADIA.— Sólo una persona vil y grosera como él.

ROCCO.— Yo... soy todavía una persona sencilla, nacida y crecida en un pueblo. Para mí, un hombre que traiciona a su hermano, le quita la mujer; y esto es imperdonable.

NADIA.— Si sigues hablando en ese tono me tiro desde aquí. Me mato, ¿entiendes? Me has persuadido de que mi vida estaba equivocada. Me has enseñado a quererte. Y ahora, de repente, por la canallada de un desgraciado, que ha querido mortificarte porque es un miserable, envidioso de ti, de todos... por la fanfarronada de ese cerdo, resulta que no es verdad nada. Lo que antes era bueno, lo que era santo, se convierte en pecado. No me siento culpable.

ROCCO.— Somos culpables, Nadia, yo más que tú. Debes volver con Simón.

NADIA.— ¿Eh?

ROCCO.— Simón sólo te tiene a ti. Tiene necesidad de ti o estará perdido. Eres su mujer.

NADIA.— Escúchame, querido. Admitamos que tu hermano tenga necesidad de mí. Pero ¿no has pensado que yo cuento también? ¿Y ahora? ¿Cómo lo arreglamos?

ROCCO.— Creo que tú también quieres a Simón.

NADIA.— ¡Pero tú estás loco! ¡Completamente loco!

ROCCO.— Has querido comenzar conmigo otra vida. No hemos pensado que hacíamos daño a otras personas.

NADIA.— Si tuviera ganas de sermones iría a la iglesia. Rocco, escucha Rocco... escúchame Rocco. Te quiero. ¿Qué hago de todo este cariño?... ¿Por qué has de atormentarme así?

ROCCO.— No puedo obligarte a volver con Simón. Pero te ruego, te suplico que vuelvas con él...

NADIA.— Te arrepentirás de esto ¡eh!, te arrepentirás. Y será demasiado tarde. Te odio. Te odio, Dios mío, cuánto te odio...

De este diálogo deducimos que Rocco *quiere* convencer a Nadia de que es imposible que se sigan viendo, que ambos son culpables (ella más que él, porque no le dijo que Simón estaba enamorado de ella) porque provocaron a Simón, quien hizo lo que hizo en un arranque de desesperación. Y sobre todo que debe volver, ella, a Simón. Nadia se niega e intenta convencer a Rocco de lo equivocado que está. Ella *quiere* continuar con Rocco, su verdadero amor. Ambos tienen un Deseo. ¿Quién sería entonces el Protagonista de la escena? Depende de la que consideres que es la situación establecida. Si tienes en cuenta que Rocco ha dejado de ver a Nadia y es ésta la que le ha citado aquí, sería Nadia la que quiere cambiar la situación establecida, es decir, el alejamiento de Rocco.

El Deseo de Rocco sería su Actividad, o sea convencer a Nadia de que las cosas deben seguir como están: ellos separados y ella volviendo a Simón.

Es muy importante que adviertas la importancia que dimos en la Etapa de los ejercicios libres a la necesidad del Antagonista de acabar su Actividad. En muchas escenas como ésta, se convierte en la necesidad de conseguir un Deseo ya que el Antagonista quiere algo del Protagonista.

Hecho este pequeño análisis de la escena, vamos a intentar ahora extraer sus datos esenciales, para poder generalizarla y conseguir una Fórmula.

Datos esenciales:

- Los dos están unidos por el amor. (Ya estudiaremos más adelante la significación de este valor universal para los diferentes personajes).
- Existe una tercera persona, Simón, que representa lo opuesto para cada uno de ellos. Para ella el odio. Para él, amor fraternal.
- Según Rocco la unión de ambos es imposible. Más aún, es algo injusto e indigno para con esa tercera persona.

Vamos a intentar colocar todo esto en una Fórmula. La Protagonista quiere del Antagonista: sigamos con nuestro bello acuerdo, interrumpido por una tercera persona, a pesar de todo. Por una razón emocional, por el bien de los dos y no secreta. El Antagonista niega por una razón de principios (deber sagrado a una tercera persona) altruísta y no secreta. La Actividad del Antagonista, en este caso su Deseo, sería reparar un agravio, enderezar un entuerto hacia esa tercera persona.

Sobre esta *Fórmula* vamos a intentar encontrar posibles e hipotéticos Arreglos que pudieran servir a unos actores que fueran a trabajar en esta escena. Imagínate que es a ellos a los que se les ha ocurrido esta Situación Imaginaria acorde con las premisas de la Fórmula. Vamos a llamarlos Juan y Lola.

Un posible arreglo:

Lola es autora de una obra de teatro y Juan es el director que va a encargarse del montaje; han trabajado mucho y muy bien juntos. Lola ha conseguido una importante subvención, gracias a un premio, y todo está listo para empezar. Juan ha recibido la llamada de un director de teatro de otra comunidad, antiguo profesor suyo, diciéndole que hace un par de años él montó la obra de Lola y que tiene el derecho moral sobre ese texto, porque lo descubrió cuando no tenía premio y corrió el riesgo. Exige montarla ahora. Para Juan este hombre está en su derecho. Además, debe a este hombre la mejor oportunidad de su carrera. Para Lola es ridículo porque el montaje que hizo fué muy malo, destruyendo todo lo mejor que para ella hay en la obra. Lola quiere que Juan llame a los actores para empezar a ensayar. Juan quiere que Lola admita que ese director vuelva a dirigir su obra y que él va a retirarse.

Nuestro trabajo ahora sería realizar uno, dos o más ejercicios de este tipo (siempre significativos para los actores que lo realizan) hasta que el comportamiento de éstos en la Situación Imaginaria esté relacionado con el de los personajes en la escena. Un buen arreglo, significativo personalmente y bien improvisado, casi siempre aclara lo esencial del comportamiento de los personajes. Una vez conseguido esto, pasaríamos a improvisar con texto y como personajes; pero esto lo iremos viendo en la Tercera Etapa. ¿Tienes claro el proceso? ¿Lo intentamos con otra escena?

INVITADOS A CENAR

(Escena de una película o de una obra "de cuyo título no quiero acordarme", con todos los ingredientes de una buena escena y gran libertad para hacer Arreglos: pueden trabajarla dos chicos, chico y chica, o dos chicas.

Es, además, una escena ideal para nuestro trabajo posterior con el texto de autor —ve el capítulo 3, apartado 2c.)

Hasta ahora te había pedido evitar en tus ejercicios las historias policiacas; ahora vamos a trabajar sobre una de ellas que, por su claridad, nos ayuda a comprender mejor este difícil paso entre la escena, la Fórmula y los ejercicios de improvisación como actores de hoy. Lo más interesante para nosotros, de esta escena, es que tanto el Protagonista como el Antagonista, tienen razones secretas y que el Protagonista sabe la razón secreta del Antagonista.

ANTECEDENTES: **Y** es un editor que tiene las galeradas de unas memorias que pensaba editar. Descubre que el autor es un estafador que está usando sus informaciones como chantaje para descubrir todos los trapos sucios de una serie de personalidades. Entonces se le ocurre un plan, ya que no puede denunciarle; va a reunirle aquí en su casa, en una cena, invitando a todas esas personalidades para así, entre todos, acabar con él. Sirviéndose unos de coartada de los otros. Ha convencido a **X** para que le ayude. Este, al principio, estaba de acuerdo pero ha leído las memorias en cuestión, pese a que él se lo había prohibido terminantemente. En ellas ha descubierto que la persona más afectada es un antiguo rival suyo en su relación afectiva con **Y** y que él todo lo hace por esa tercera persona.

Texto de *Invitados a cenar*:

X.— No... No puedes llevar a cabo todo eso. Es una locura.

Y.— Bueno... la locura es un gran escape a veces, ¿verdad?

X.— Nada de juegos de palabras. Yo no me ocuparé más de eso. Voy a salir de esta casa ahora mismo.
Y.— ¿Qué quieres decir?
X.— Exactamente eso. Yo no me quedaré ni te ayudaré en eso.
Y.— ¿Vas a fallarme?
X.— Si quieres tomarlo de ese modo, sí.
Y.— Pero, ¡si tú fallas a última hora a nuestro acuerdo! Yo contaba con tu ayuda.
X.— Todo puede ocurrir. Toda la gente de allá... Si solamente uno de ellos hablase significaría la horca para media docena de personas.
Y.— Nueve, incluyéndonos tú y yo.
X.— NO...
Y.— Y el que hable. Es nuestra seguridad.
X.— Esos asuntos no permanecen tranquilos en la mente humana. Puede parecerlo, pero en un momento de tensión saltan y...
Y.— El miedo es un buen carcelero. Tal vez el mejor...
X.— Pero tú no tienes seguridad... Y si algo te pasara...
Y.— Vamos..., vamos. Eso no es jugar limpio. Vas a estropearme mi noche.
X.— Tu noche... .
Y.— ¡Si supieras! He gozado tanto con ella anticipadamente... La he planeado en cada mínimo detalle, la he levantado como si fuera una obra de arte y...
X.— A veces pienso que estás loco.
Y.— Sólo en los malos momentos.
X.— Y si esta gente no estuviera de acuerdo... Tú no les has preguntado todavía.
Y.— ¿Quién de ellos no lo haría, estando en juego su reputación?
X.— Tengo miedo.
Y.— Vamos... ánimo.
X.— Mucho miedo. Te pido, te imploro, que acabes con

eso. Despide a esa gente, vayamos al teatro y cenemos después. Y olvidemos que alguna vez has tenido esa idea.

Y.— Pero, ¿qué demonios van a decir?

X.— Eso no importa nada. Por favor...

Y.— Ya hemos discutido antes todo esto y tú tenías el convencimiento de la moralidad del asunto.

X.— Cuando discutimos no hablábamos en serio.

Y.— Yo sí. Yo, sí.

X.— Es una pesadilla...

Y.— Pues el despertar puede ser mucho peor.

X.— ¡Dios mío!

Creo que tendrás muy claro quién es el personaje que quiere cambiar la situación establecida (en este caso el plan de matar al chantajista): X es el Protagonista de la escena. Lo tienes expresado en la primera frase: X quiere convencer a Y de que todo este plan es demasiado peligroso, que no diga nada a nadie y a cenar en paz. Que lo olvide. Las razones que dice, ¡ojo!, que dice, son que cuando acordaron el plan creía estar bromeando, que es muy peligroso, que cualquiera de los otros podría hablar y sería el fin de todos. Pero por los antecedentes sabemos que X conoce la verdadera razón de Y para llevar a cabo el plan y piensa que no es justo arriesgar la vida de todos para salvar a la tercera persona de la que se siente celosa. No quiere ni puede hablar de esto, porque Y le había prohibido terminatemente leer las famosas memorias y X lo ha hecho. Tiene que convencerle sin decir la verdad. El Antagonista, Y, quiere seguir con el acuerdo porque le parece una hermosa aventura y además es necesario para todos; llevar a cabo un acto de justicia necesario. Nada ha cambiado como para asustarse ahora en el último momento. Lo que X no dice es que su verdadera razón es salvar del chantaje a esa tercera persona. (Razón secreta podría ser que el chantajista le ha pedido a esta tercera persona acostarse con él, a cambio de no publicarlo).

Ahora te toca a ti: Concéntrate en esta historia e intenta extraer los datos que consideras esenciales.

¿Qué has conseguido? Por ejemplo: Toma que son un matrimonio. Bien, entonces *generaliza* esta situación: estas dos personas estarían unidas por algo, por un vínculo, que en este caso no quieren romper. Son prisioneros voluntarios de esa unión. Otro dato esencial es el plan acordado contra una tercera persona —el chantajista. *Generalizando*, decidimos qué tipo de plan es: parece peligroso y, para el personaje Antagonista, justo.

Otro dato esencial sería el precedente inmediato que cambia la situación establecida. El Protagonista ha descubierto la razón del otro personaje mediante una acción indigna ante los ojos de ese otro: sabe que hay otra persona que es o fue, precisamente, su rival. Y quiere que este acuerdo o plan no se lleve a cabo. Ya casi tenemos la Fórmula:

El Protagonista quiere del Antagonista que no lleve a cabo un acuerdo peligroso contra una tercera persona (A). Dice que lo quiere por una razón emocional y por el bien de los dos. La razón secreta es emocional y egoísta. El Antagonista niega diciendo que es por una razón de principios y altruísta. La razón que no dice, secreta, es deber hacia una tercera persona (B), altruísta.

Y ya estamos preparados para dar el tercer paso, es decir, pasar a nuestras circunstancias y buscar arreglos que nos sirvan de base para las improvisaciones.

Los actores que van a tratar de aclarar esta escena son, digamos, Francisco y Charo.

Una posibilidad de Arreglo: (vuelvo a repetirte que estos arreglos son únicamente pautas que nunca serían útiles para ti, ya que provienen de unas circunstancias ajenas a las tuyas. Busca y encuentra tus propias ideas.)

Francisco y Charo son vecinos de un pueblo que el Ministerio de Obras Públicas está queriendo demoler para construir un pantano. Francisco ha acordado con Charo (ambos trabajan juntos en una escuela de niños) denunciar por malversación de fondos, públicamente, en una manifestación no autorizada, al Gobernador. Francisco necesita a Charo porque ella es la que conoce a la mayoría de los vecinos del pueblo y es a ella a la que hacen caso. Charo necesita a Francisco para llevar a cabo su proyecto de escuela infantil. Pero, anoche, Charo ha escuchado por otro teléfono, una conversación de Francisco y ha descubierto que éste lo hace por orden de un partido político del que ella, como ecologista, está en contra. Quiere evitar que Francisco convoque a los vecinos para esa manifestación.

ESPERANDO AL ZURDO, de Clifford Odets. (Ed. Quetzal, Argentina. Escena entre Joe y Edna.)

La claridad del planteamiento y el posterior desarrollo del conflicto, la utilización por parte de la Protagonista de los medios para alcanzar su objetivo, su *estrategia* — ¿recuerdas el esquema?— son las razones por las que esta escena nos parece interesante para su estudio, ahora.

Antecedentes:

Edna y Joe son un matrimonio que vive en Nueva York, con dos hijos pequeños, durante la crisis económica de los años treinta. Joe trabaja para una empresa de taxis, como chófer, y no gana lo suficiente para mantener a su familia. Desesperado, apenas come y no para de trabajar. Precedente inmediato: hoy, la que les vendió los pocos muebles que poseían se los ha llevado por falta de pago de los plazos que aún les quedaban. Edna ha tenido que acostar a los niños para que no se dieran cuenta de que no tenía nada que darles de cenar. La situación ha tocado fondo. No se puede aguantar más.

Texto de *Esperando al Zurdo*:

JOE.— ¿Dónde están los muebles?
EDNA.— Se los llevaron. No pagamos la cuota.
JOE.— ¿Cuándo?
EDNA.— A las tres.
JOE.— No pueden hacer eso.
EDNA.— ¿No pueden? Pero lo hicieron.
JOE.— ¡Desalmados! Ya habíamos pagado las tres cuartas partes.
EDNA.— El hombre dijo que volvieras a leer el contrato.
JOE.— Seguramente firmamos un contrato falso.
EDNA.— No. Es un contrato en regla. Y lo firmaste.
JOE.— No seas así, Edna.
EDNA.— No, Joe, deja eso para el cine; a Clark Gable le pagan kilos de plata por hacer eso.
JOE.— ¡Lindo hogar es éste! A uno no le dan ganas de volver a casa ¡te lo juro!
EDNA.— ¿Quién tiene la culpa?

JOE.— ¿Vamos a empezar de nuevo?

EDNA.— ¿De qué quieres hablar? ¿De libros?

JOE.— Te voy a dar una cachetada.

EDNA.— NO, no lo vas a hacer.

JOE.— Edna, escúchame; a veces me sacas de mis casillas.

EDNA.— Mírame, estoy muerta de risa.

JOE.— No me insultes, Edna. ¿Qué puedo hacer si la época es mala? ¿Qué diablos quieres que haga? ¿Que me tire al río?

EDNA.— ¡No grites! Recién acosté a los chicos para que no se den cuenta de que no hay cena. Y si no le arreglo los zapatos a Emmy, mañana no podrá ir al colegio. Por lo menos, déjala dormir.

JOE.— Querida, hoy trabajé toda la tarde... anduve cinco horas sin un pasajero. Es la crisis.

EDNA.— Cuéntaselo al almacenero.

JOE.— El taxi marcaba 2. 20. Edna, una mujer andaba con un perro y estaba algo borracha... me dió 25 cetavos de propina ¡Por equivocación! Escúchame, estamos llenos de oro.

EDNA.— ¿Sí? ¿Cuánto?

JOE.— Tomé un completo en una lechería. Un dólar con cuatro.

EDNA.— Sí, mañana vence el segundo mes de alquiler.

JOE.— No me mires así, Edna.

EDNA.— No te estoy mirando. Estoy mirando a través tuyo... ¡Pensar que todo iba a ser tan lindo! Un chalecito junto al arroyo, y rosas en primavera... Eres un fracasado, Joe. Y estás loco si crees que lo voy a soportar mucho más.

JOE.— Si pudiera buscaría otro trabajo. Pero no hay trabajo... ¿No lo sabes?

EDNA.— Hemos tocado fondo. Es lo único que sé.

JOE.— ¿Qué puedo hacer?

EDNA.— ¿Quién es el hombre en esta casa? ¿Tú o yo?

JOE.— Esa no es una respuesta. ¿Por qué no me ayudas? ¡Cristo! ¿no me vas a ayudar? En todo el día no he tomado más que un café con leche. Yo también tengo hambre. Me rompería las manos trabajando si...

EDNA.— Voy a abrir una lata de sardinas.

JOE.— NO. Ahora me vas a decir qué es lo que quieres que haga.

EDNA.— No soy Dios.

JOE.— Quisiera volver a los diez años y no tener que pensar en el próximo minuto.

EDNA.— Sí, pero no tienes diez años, y tienes que pensar en el próximo minuto. Y tienes dos chicos durmiendo en la pieza de al lado. Y necesitan comida. Y ropa. Y zapatos. Durante cinco años me he pasado las noches despierta oyendo latir mi corazón. ¿Por qué no se juntan todos? ¿Por qué no hacen una huelga pidiendo aumento? Papá hizo una durante la guerra y le aumentaron. ¿No ves que me estoy volviendo una vieja bruja?

JOE.— Las huelgas no sirven.

EDNA.— ¿Quién lo dijo?

JOE.— Además eso significa que mientras dure, no ves un centavo. Y cuando se acaba, la compañía no te quiere tomar.

EDNA.— Bueno, supongamos que no te toman. ¿Qué pierdes?

JOE.— Ahora estamos sacando entre seis y siete dólares por semana.

EDNA.— Sí, el alquiler.

JOE.— Ya es algo, Edna.

EDNA.— No, no es algo. Si los van a seguir aplastando. Y les van a llegar a pagar tres o cuatro dólares por semana, antes de que ustedes se den cuenta. Y cuando ganes tres dólares por semana, también vas a decir: ¡Peor es nada!

JOE.— Hay demasiados autos en las calles. Eso es lo que pasa.

EDNA.— ¡Pero grandísimo tonto! Deja que la compañía se preocupe por eso. ¿No te das cuenta que si los taxis no dieran plata, los meterían en el garaje? O crees que la empresa funciona nada más que para pagarle el alquiler a Joe Mitchell.

JOE.— No entiendes nada de negocios, Edna.

EDNA.— No, pero entiendo esto: Tu Patrón nos está explotando a todos. Les está sacando el jugo minuto a minuto. Y no sólo a ustedes, sino también a sus mujeres y a sus hijos que van a crecer raquíticos y desnutridos. ¿No ves cómo los chicos se resfrían continuamente? Parecen fantasmas. Betty no ha visto un pomelo en su vida. El otro día la llevé a la frutería, vió un cajón de pomelos y me preguntó: "¿Qué es eso?" Por Dios, ¡Joe! ¿No comprendes que el mundo debe ser para todos?

JOE.— Los vas a despertar, Edna.

EDNA.— No me importa, si también te despierto a ti.

JOE.— Un hombre solo no puede hacer una huelga.

EDNA.— ¿Y quién dijo un hombre? Son muchos en esa porquería de sindicato que tienen.

JOE.— El sindicato no es una porquería.

EDNA.— ¿No? ¿Qué hace? Cobra la mensualidad y te palmea la espalda.

JOE.— Están haciendo planes.

EDNA.— ¿Ah, sí? ¿Qué planes?

JOE.— No sé. No nos dicen.

EDNA.— ¿Así que esos hombres malos no le quieren contar al pobrecito de Joe los plancitos que tienen para el sindicato? ¿Pero qué es eso? ¿Una compañía de boy-scouts?

JOE.— Sabes muy bien que son pistoleros. Los que dirigen te meten cuatro tiros por una moneda de cinco.

EDNA.— ¿Y por qué aguantas eso?
JOE.— ¿No me quieres ver vivo?
EDNA.— No... Me parece que no, Joe. Si no eres capaz de levantar un dedo para arreglar nuestra situación, entonces no me importas.
JOE.— Pero... no comprendes querida...
EDNA.— ¡No me importa! Ni tú ni todos esos cobardes que no quieren pelear. ¡Que los maten y los hagan picadillo!

Como verás, la fuerza de la necesidad de Edna es el motor que impulsa la escena; la que quiere que esta situación acabe de una vez. Quiere que Joe se reúna con sus compañeros y empiecen una huelga contra la patronal. Joe no quiere; le da miedo perder lo poco que gana; piensa que es inútil o, tal vez, imposible.

Parece que tenemos claro el Deseo y las razones para pedir y para negar. Pero no te conformes con esta primera impresión. Si estudias un poco más detalladamente la escena puedes encontrar otras posibilidades que te ayudarán a hacer crecer la escena, a aumentar su interés y su profundidad. Seguramente te llamará la atención la crueldad con que Edna trata a Joe. Los medios que utiliza son hirientes, crueles y la mayoría de las veces humillantes para Joe. Está cercándole y al final le amenaza, hace un amago de salida. Parece que va a abandonarle. Pero no lo hace: ¿por qué? Si lo piensa de veras ¿Por qué no lo ha hecho antes? Quizá quiere mucho a Joe y lo que está haciendo es provocarle hasta hacerle saltar, hasta hacerle abandonar esa actitud de víctima impotente y hacerle recobrar su fuerza. Que vuelva a ser el hombre del que ella está enamorada. Esta posibilidad, que emana de un cuidadoso análisis de la escena, podría formar parte de la *razón secreta* de Edna. ¿Oculta algo Joe? Edna habla de que los jefes del sindicato son unos pistoleros ¿Joe tiene miedo a que le pase algo? ¿Puede ser el miedo su *razón secreta*?

Ahí tienes los datos. Empieza a barajarlos y encuentra una buena Fórmula que te ayude, por ejemplo a Carmen y a Joaquín, para preparar un buen arreglo de improvisación.

Fórmula posible:

La Protagonista quiere del Antagonista que corrija una injusticia ("—¿Por qué no haces una huelga pidiendo aumento?") por una razón práctica y por una tercera persona (los niños: "—No te quieres dar cuenta que el mundo debe ser para todos"). La razón secreta sería emocional, y por el bien del Antagonista. ("—No importa, si también te despierto a ti"). Este no quiere por una razón práctica y por nuestro bien ("—Ahora tenemos seis y siete dólares a la semana"). Su razón secreta sería emocional y egoísta ("—Sabes muy bien que son pistoleros. Los que dirigen te meten cuatro tiros por nada").

Sobre esta Fórmula, Carmen y Joaquín han pensado, tras varios días de trabajo, un Arreglo conforme a sus circunstancias, algunas reales y otras imaginadas, pero en las que pueden creer. Arreglo que consideran "personal e intransferible".

Arreglo:

Carmen y Joaquín llevan mucho tiempo trabajando en un veterano grupo de teatro, al que las cosas no le van muy bien. Han soñado miles de montajes maravillosos y algunos de ellos los han realizado. Ayer ha llegado la notificación de embargo de los bienes del grupo y su expulsión del local de ensayos. Carmen quiere que Joaquín reúna al grupo para que les proponga meterse en un almacén deshabitado, propiedad del Ayuntamiento, ocuparlo ilegalmente y trabajar en él. Joaquín no quiere porque teme perder la hipotética posibilidad de una beca oficial que nunca llega. La verdad es que a él le aterran los desalojos brutales que suele hacer la policía. Carmen lo que quiere es que Joaquín se recupere y no se deje amilanar por los últimos fracasos y vuelva a ser el director imaginativo y valiente que era al principio de sus trabajos.

EL TRAGALUZ, de Antonio Buero Vallejo. (Alfil, Colección TEATRO, nº 572, págs. 48-49. Revista Primer Acto nº 92, págs. 73-75. Escena Mario-Vicente, segunda parte.)

El estudio de esta escena nos permite concentrar en algo tan importante para la interpretación como es el diálogo o lucha interior de un personaje. Son los dos recuerdos, las dos interpretaciones que los personajes hacen de lo que pasó en su infancia, el motor de la escena. Esta, por tanto, nace de los antecedentes y no de la situación concreta de la escena. ¡Vamos con ella!

Antecedentes:

Mario y Vicente son hermanos. Durante la guerra civil Vicente, aprovechando una circunstancia de aglomeración en un tren, abandonó a su familia, llevándose los pocos alimentos que tenían. A consecuencia de ello,

Elvirita, la hermana pequeña, murió de hambre. A partir de entonces, el padre enloqueció. Han pasado los años y Mario vive con los padres en un semi-sótano, en una situación económica precaria. Vicente ha conseguido un puesto en la sociedad y posee una editora. Visita a los padres de vez en cuando, les compra cosas (TV, lavadoras, etc...) y les ayuda con dinero. Mario trabaja donde puede y corrige pruebas de imprenta de la editora de Vicente.

Statu quo (situación inmediata):

Un grupo bancario ha comprado acciones de la Editora; a cambio de su inversión impone ciertas condiciones. Una de ellas, la de prohibir la publicación de un escritor de ideología contraria (Beltrán) prototipo de hombre honesto, que no se ha vendido al "capital". Mario, ferviente admirador de Beltrán, abandona la editora.

Texto de *El Tragaluz:*

VICENTE.— Vente a la Editora, Mario. En la primera etapa puedes dormir en mi casa. Estás en peligro: actúas como si fueses el profeta de un Dios ridículo... De una religión que tiene ya sus ritos: las postales, el tragaluz, los monigotes de papel... ¡Reacciona!

MARIO.— Me doy plena cuenta de lo extraños que somos. Pero yo elijo esa extrañeza.

VICENTE.— ¿Eliges?

MARIO.— Mucha gente no puede elegir, o no se atreve. Tú y yo hemos podido elegir, afortunadamente. Yo elijo la pobreza.

VICENTE.— Se pueden tener ambiciones y ponerlas al servicio de una causa noble.

MARIO.— Por favor, nada de tópicos. El que sirve abnegadamente a una causa no piensa en prosperar y, por lo tanto, no prospera. ¡Quiá! A veces, incluso, pierde la vida... Así que no me hables tú de causas, ni siquiera literarias.

VICENTE.— No voy a discutir. Si es tu gusto, sigue pensando así. Pero ¿no puedes pensarlo... en la Editora?

MARIO.— ¿En la Editora? ¿A qué estás jugando allí? Porque yo ya no lo sé...

VICENTE.— Sabes que soy hombre de ideas avanzadas. Y no sólo literariamente.

MARIO.— Y el grupo que os financia ahora, ¿también lo es?

VICENTE.— ¿Qué importa eso? Usamos de su dinero y nada más.

MARIO.— Y ellos, ¿no os usan a vosotros?

VICENTE.— ¡No entiendes! Es un juego necesario...

MARIO.— ¡Claro que entiendo el juego! Se es un poco revolucionario, luego algo conservador... No hay inconveniente, pues para eso se siguen ostentando ideas avanzadas... El nuevo grupo nos utiliza... Nos dejamos utilizar, puesto que los utilizamos... ¡Y a medrar todos! Porque ¿quién sabe ya hoy a lo que está jugando cada cual? Sólo los pobres saben que son pobres.

VICENTE.— Vuelves a acusarme y eso no me gusta.

MARIO.— A mí no me gusta tu Editora.

VICENTE.— ¡No quiero medias palabras!

MARIO.— ¡Te estoy hablando claro! ¿Qué especie de repugnante maniobra estáis perpetrando con Beltrán?

VICENTE.— ¿De qué hablas?

MARIO.— ¿Crees que no se nota? La novela que le íbais a editar, de pronto, no se edita. En las pruebas del nuevo número de la revista, tres alusiones contra

Beltrán; una de ellas, en tu columna. Y un artículo contra él. ¿Por qué?

VICENTE.— Las colaboraciones son libres.

MARIO.— También tú, para encargar y rechazar colaboraciones ¿O no lo eres?

VICENTE.— ¡Hay razones para todo eso!

MARIO.— Siempre hay razones para cometer una canallada.

VICENTE.— Pero ¿quién es Beltrán? ¿Crees tú que él ha elegido la oscuridad y la pobreza?

MARIO.— Casi. Por lo pronto aún no tiene coche, y tú ya lo tienes.

VICENTE.— ¡Puede comprárselo cuando quiera!

MARIO.— Pero no quiere. Le interesan cosas muy distintas de las que te obsesionan a ti. No es un pobre diablo más, corriendo tras su televisión o su nevera; no es otro monicaco detrás de un volante, orgulloso de obstruir un poco más la circulación de esta ciudad insensata... El ha elegido... la indiferencia.

VICENTE.— ¡Me estás insultando!

MARIO.— ¡El es otra esperanza! Porque nos ha enseñado que también así se puede triunfar..., aunque sea en precario... Y contra ese hombre ejemplar os estáis inventando razones importantes para anularlo. Eso es tu Editora. Y no quiero herirte, hermano. Soy yo quien está intentando salvarte a ti.

Vicente se convierte en Protagonista al querer convencer a Mario de que vuelva a trabajar en su Editora, con mejor sueldo y un mejor puesto; que se labre un porvenir. Quiere que le permita ayudarle para abandonar esta vida de miseria. Mario no acepta porque está en contra de lo que, para él, es corrupción, y prefiere elegir su libertad individual, sin traicionarse a sí mismo. Y aquí tocamos el verdadero tema de la escena: la honestidad individual. Vicente, aunque no lo dice (Razón secreta), lo que necesita es que Mario acepte, porque esa sería la prueba de que todo lo que él ha hecho está bien. Probar que la integridad de Mario es imposible. El se da razones legítimas para justificar su actitud, pero necesita estar ratificado por Mario. Mario podría decir que no y basta. Pero también quiere algo de Vicente. Puede pare cernos que se está vengando o queriéndole hacer daño, pero vemos al final que la auténtica razón de Mario es su cariño hacia Vicente y lo que necesita es que éste se dé cuenta de que está destruyéndose a sí mismo, que debe reaccionar.

Posible Fórmula:

El Protagonista quiere que el Antagonista le permita ayudarle, por el bien de todos. Por una razón práctica y altruísta. La razón secreta es emocional y egoísta. (Lucha interior). El Antagonista niega por una razón de principios. La razón secreta sería emocional y altruísta (por el bien del Protagonista).

Chema y José Pedro han querido trabajar en esta escena. Su primer arreglo, después de haberlo madurado bastante, creen que sería éste:

Arreglo:

Chema quiere que José Pedro le acompañe a ver al productor de una serie, en la que él es protagonista, para que, con su ayuda, le dé un papel en ella. Ambos son amigos desde que empezaron a estudiar teatro y conocen todas las ilusiones que tenían cuando empezaron. José Pedro se niega porque la serie es de una ínfima calidad moral y artísticamente contraria a todos sus principios. La verdadera razón de Chema es que sabe que el verdadero responsable de la mala situación profesional de José Pedro es él. Hace ya algunos años, alegando que no sabía dónde estaba José Pedro, mintió para quedarse con un papel que no era para él. Pero esto es algo que no va a reconocer. José Pedro lo que quiere es que Chema se dé cuenta de que, tal y como lleva su carrera, está traicionando su talento.

MEDIDA POR MEDIDA, de William Shakespeare. (Versión de Enrique Llovet. Ed. Escelicer, Colección TEATRO, nº 618. Esc IX, Acto I, págs. 40-43. Escena entre Isabel y Claudio.)

Antecedentes:

En ausencia del Duque, el gobierno de la ciudad ha quedado en manos de Angelo, famoso por su rigor y rectitud. Claudio, hermano de Isabel es condenado a muerte por haber dejado embarazada a una joven. Esta severa condena es dictaminada por Angelo, invocando una antigua ley. Isabel, a punto de ser ordenada monja, acude en ayuda de su hermano y suplica a Angelo perdón. Este, después de una larga discusión acepta, si Isabel se entrega a él.

Texto de *Medida por medida*

CLAUDIO.— ¿Qué sucede, Isabel? No confío más que en ti...

ISABEL.— El consuelo que te traigo es tan malo o bueno como cualquier otro... Angelo, tan santísimo, se ve que tiene muchos asuntos que tratar con Dios y te ha nombrado su embajador permanente allá arriba... Prepárate de prisa porque tienes que salir mañana...

CLAUDIO.— ¿No hay solución?

ISABEL.— Ninguna, como no sea salvar tu cabeza rompiendo un corazón.

CLAUDIO.— Entonces ¿hay un medio?

ISABEL.— Sí, sí, sí... Puedes seguir viviendo. Tu juez tiene un sentido diabólico de la clemencia. Si tú quieres, te deja la vida, pero te encadena hasta la muerte.

CLAUDIO.— ¿La prisión perpetua?

ISABEL.— Sí. Eso. Una prisión perpetua que aún dejándote andar por todo el mundo te obligaría a permanecer encadenado.

CLAUDIO.— No comprendo nada, Isabel.

ISABEL.— Si aceptas su proposición perderás el honor y la dignidad.

CLAUDIO.— Habla de una vez.

ISABEL.— Me das miedo Claudio... Miedo de que prefieras salvar una vida febril... Miedo de que prefieras vivir seis o siete inviernos más a ser decente para la eternidad... ¿Tanto temes a la muerte?... Hay en tu pánico más aprensión que realidad... La muerte del pobre insecto que aplastamos con el pie es tan angustiosa como la de un gigante...

CLAUDIO.— ¿Por qué quieres avergonzarme? ¿Es que piensas que hablando en ese estilo vas a hacerme cambiar de actitud? Que me maten si me quieren matar... Me abrazaré a la muerte como a una mujer...

ISABEL.— Ahora te reconozco... Eres mi hermano. Parecía la voz de nuestro padre... Sí, te matarán. Eres demasiado noble para querer seguir viviendo a costa de una suciedad... Ese ministro de la máscara santa, ese que aterra a la juventud y hace huir a cualquier pasión, ese del rostro seco y la palabra helada, ese hombre es un demonio... Si su alma se vaciase de basura quedaría a la vista un mar tan profundo como todos los infiernos.

CLAUDIO.— El político santo...

ISABEL.— El infierno es capaz de disfrazar con un aspecto serio al más grande de todos los canallas... No lo vas a creer, Claudio... Te salvas si yo me entrego a él...

CLAUDIO.— Eso no es posible.

ISABEL.— Sí. Por el precio de mi pecado te deja a ti seguir pecando. Esta noche, esta misma noche tengo que hacer lo que no me atrevo ni siquiera a pensar o te matarán mañana.

CLAUDIO.— No lo harás...

ISABEL.— Si sólo me pidiese la vida se la habría dado por ti, como se da un alfiler.

CLAUDIO.— Lo sé, Isabel...

ISABEL.— Claudio... Prepárate... Te matarán mañana...

CLAUDIO.— Sí... ¿Con que ese hombre es capaz de sentir tales pasiones que se revuelve contra la misma ley que quiere aplicar con toda su alma?... Quizá... eso no le parece un pecado o... lo cree el menor de los siete pecados capitales...

ISABEL.— ¿Te parece a ti el menor?

CLAUDIO.— Si fuese tan condenable, él, tan santo, ¿cómo iba a arriesgarse a ir al infierno para la eternidad por un instante de placer?... Isabel...

ISABEL.— ¿Qué has pensado, Claudio?

CLAUDIO.— La muerte es una cosa horrible...

ISABEL.— Peor es la deshonra...

CLAUDIO.— Sí... La muerte es ir no sé sabe dónde... Pudrirse en el frío de una tumba... El cuerpo, este movimiento vivo y caliente, se va haciendo barro y quedándose inmóvil... El pensamiento, que salta ahora en libertad, ahogado en ardores o congelado entre hielos... El ser, empujado por todos los vientos y perdido en el vacío..., o sufrir esas condenas que nos han pintado tan largas y dolorosas... ¡No puedo, Isabel!... La existencia humana, la más penosa, la más terrible, la del enfermo, la del pobre, la del preso, es un paraíso comparado con la muerte...

ISABEL.— ¡Me das miedo!

CLAUDIO.— ¡Déjame vivir, Isabel, déjame vivir! El delito que tienes que cometer para salvar mi vida lo absolvería el mundo entero como si fuese una prueba de virtud.

ISABEL.— ¡Bárbaro! ¡Cobarde! ¡Miserable! ¿Quieres vivir de mi deshonra? ¿No es un incesto que pretendas deber la vida a tu hermana? ¡Si tanta villanía sale de tu sangre es que mi madre engañó a mi padre!... ¡No! ¡No! ¡No! ¡Que te maten! ¡Que te maten mil veces! Faltaría más que yo me prostituyese por salvarte a ti! ¡No! Rezaré día y noche por tu muerte, pero no pronunciaré una sola palabra para salvarte...

CLAUDIO.— ¡Escúchame, Isabel!

ISABEL.— ¡Maldito seas! ¡Me avergüenzo de ti! Tu culpa no fue una excepción... Eres así... Eres sucio... La clemencia se envilecería contigo... ¡Que te maten! ¡Que te maten cuanto antes!...

Isabel acude a despedirse de su hermano en la cárcel. Viene a comunicarle el fracaso de su gestión y que debe prepararse para morir mañana.

Elementos esenciales de la escena:

1) Hermanos.
2) Isabel muy religiosa, poseída por sus principios.
3) Víctima del chantaje de una tercera persona.
4) Miedo de Claudio ante la muerte.

Claudio es el Protagonista e Isabel es la Antagonista.

Fórmula:

El Protagonista pide al Antagonista que *se sacrifique para salvarle* por una razón emocional, egoísta, no secreta. El Antagonista niega por una razón de principios no secreta.

Posible Arreglo para una improvisación:

Antonio pide a Pilar, su mujer, que haga una película pornográfica para poder pagar unas deudas de juego, evitando así que una tercera persona le denuncie y vaya a la cárcel. Pilar piensa que es preferible cumplir una condena que tener que degradarse de esa manera.

HEREDARAS EL VIENTO, de Jerome Lawrence y Robert E. Lee.
(Editorial Losange, Buenos Aires, 1957, págs. 10-11. Escena de Raquel y Bert en la cárcel. Acto I, Cuadro I.)

Para estos primeros ejercicios utilizaremos escenas poco conocidas para evitar la tentación de repetir ideas prefijadas o ya vistas y, de esa manera, despertar la capacidad de crear nuevas posibilidades.

Antecedentes:

En 1925, en Dayton, Tennessee, U. S. A. un joven profesor, Bert, ha leído a sus jóvenes alumnos la teoría de la evolución de las especies de Darwin, sabiendo que en ese Estado hay una ley que lo prohibe. Las fuerzas reaccionarias encabezadas por el padre de su novia, Raquel, le han denunciado. Le han encarcelado y se va a celebrar un juicio, en el que toman parte los más célebres abogados del país. Raquel y Bert son novios desde hace bastantes años. Ella va a visitarle a la cárcel por enésima vez, la tarde antes del juicio.

Texto de *Heredarás el viento*

RAQUEL.— Hola Bert.

BERT.— Raquel, te pedí que no vinieses.

RAQUEL.— No pude evitarlo. Nadie me ha visto. La señora Meeker no dirá nada. No hago más que pensar en ti, encerrado aquí.

BERT.— ¿Sabes una cosa? La comida es mejor que en la pensión. Y no me gustaría que todos se enterasen de lo fresco que se está aquí abajo, pues si llega a saberse, tendremos una ola de crímenes todos los veranos.

RAQUEL.— He pasado por tu casa y he traído algunas cosas tuyas. Una camisa, tu mejor corbata, algunos pañuelos.

BERT.— Gracias.

RAQUEL.— Bert, ¿por qué no les dices que todo fue una

broma? Díles que no quisiste faltar a la ley y que no volverás a hacerlo.

BERT.— Todo el mundo está emocionado porque llega Brady.

RAQUEL.— Viene en un tren especial desde Chattanooga. Papá va a recibirlo a la estación. Va el pueblo entero.

BERT.— ¿Llevarán la banda?

RAQUEL.— Bert, aún estás a tiempo ¿por qué no admites que fue un error? Si el hombre más importante del país después del presidente, es decir, Mathew Harrison Brady, viene aquí a demostrar a todos lo equivocado que estás...

BERT.— ¿Sigues creyendo que hice mal?

RAQUEL.— ¿Por qué lo hiciste?

BERT.— Tú sabes por qué. Tenía en mis manos el libro. Lo abrí y leí en mi clase superior de Historia Natural el capítulo diez y siete del *Origen de las especies*, de Darwin. Todo lo que dice es que el hombre no surgió a la vida como brota un geranio en su maceta, que la vida es consecuencia de un milagro largo, que no se produjo exactamente en siete días.

RAQUEL.— Hay una ley en contra.

BERT.— Ya lo sé.

RAQUEL.— Todos dicen que hiciste mal.

BERT.— No es tan fácil decidir entre lo bueno y lo malo, lo negro y lo blanco, la noche o el día. ¿Sabes que en los polos el crepúsculo dura seis meses?

RAQUEL.— Pero nosotros no vivimos en los polos. Vivimos en Hillsboro, y cuando el sol se pone, oscurece. ¿Por qué te empeñas en cambiar las cosas? Toma.

BERT.— Gracias, Raquel.

RAQUEL.— ¿Por qué tienes que estar en contra de todos?

BERT.— Contra los que piensan igual que tu padre. Raquel... ¡ámame!

Como verás en la escena, el personaje que quiere cambiar la situación establecida es Raquel (Protagonista) y Bert, el que no quiere (Antagonista). Lo que Raquel pide es que Bert declare, antes del juicio, su arrepentimiento por lo que hizo, y acabar con esta horrible situación.

Vamos a ir viendo, paso a paso, el estudio que necesitamos para esperar aclarar el comportamiento de estos personajes a través de lo esencial de la escena. La base de este estudio consistirá en un minucioso análisis del texto y a través de él, utilizar nuestra imaginación para responder a las lagunas que el texto contenga.

Primero, la situación establecida —el "statu quo"—:

¿Cuál es la relación de ambos con las familias respectivas? Fundamental es la relación con el padre de Raquel (tercera persona). Un clérigo protestante, inflexible defensor de la moral, las costumbres y el orden establecido. Tiene una enorme influencia sobre Raquel. Esta relación nos ofrece un ejemplo de la gran variedad de posibilidades de "interpretación" sobre las que podemos elegir: Raquel le tiene ¿un gran amor?, ¿miedo?, ¿veneración?, ¿enorme respeto?, etc... Lo que sí es cierto, es que esta relación ha hecho de Raquel una esclava de sus creencias, de su rígida formación. (Date cuenta de que el autor le ha dado un nombre bíblico al personaje.) Para Bert, en este momento, el padre es enemigo de los dos. Y parece que antes del hecho que desencadena la obra, no había habido ningún enfrentamiento y el futuro se abría prometedor para la pareja.

¿Cuál es la relación de ambos con el texto de Darwin? Para Bert, es una de las obras más importantes de la ciencia y de la libertad de pensamiento. No cree que todos deban aceptar esa teoría, sino que todo el mundo tiene derecho a conocerla y discutirla. El mal no está en Darwin, sino en esa ley que prohíbe abrir la mente de los alumnos a toda clase de ideas. Para Raquel, es ilegal, algo prohibido. Lo que dice la Biblia es intocable, sagrado. Es la Palabra de Dios. Es lógico que haya una ley en contra.

¿Cuál es la relación de ambos con el juicio que se va a celebrar mañana? A Bert puede producirle miedo y o ganas de que ocurra pronto porque, aunque pierda, todo el país se habrá enterado del asunto y eso es un paso más para conseguir el derecho a la libertad de pensamiento e investigación. Para Raquel el juicio es perder todo su futuro (matrimonio, hogar, hijos, etc.) porque va a significar la cárcel para Bert y el final de su carrera.

Un antecedente importante para la escena es que Bert le ha pedido a Raquel que no venga más a la cárcel, a visitarle. Es decir, que el conflicto ha empezado antes de comenzar esta escena (Conflicto en marcha).

Todo esto sería un trabajo sobre las circunstancias anteriores, a tener en cuenta. Vayamos ahora con las actuales: ¿Cuál es la Relación Emocional entre ambos? Amor, pero como sabes muy bien, eso es muy general; lo fundamental es lo que para los dos personajes significa ese amor. (¿Quién sabe? Tal vez Cleopatra ama a Antonio por su manera de cepillarse los dientes por la mañana.) Ambos son prisioneros de su amor. Es una escena de amor. Más espiritual que físico. Se aman a pesar de sus diferencias. Es la unidad de lo opuesto. Dos conceptos de la vida, obligados a entenderse o romper. ¿Sería ese el suspense de la escena? ¿Está a punto de romperse ese amor? ¿Está a punto Raquel de dar un paso hacia su libertad interior? Por ese amor, ambos están desnudos e inermes, el uno en manos del otro. Cada uno puede convertir la vida del otro en un cielo o en un infierno. Es una enfermedad de la que no quieren curarse.

Bert ama las inmensas posibilidades que hay en Raquel. No lo que es, sino lo que podría ser, si pudiera librarse de sus prejuicios. Mientras... paciencia. Bert sabe que no sólo está luchando por el bien de sus alumnos, sino por el bien de Raquel y de sus hijos. Para Bert, Raquel es víctima de su educación.

Raquel ama a Bert de una manera posesiva, como cree que hay que amar. Para ella el amor es dejar de ser dos personas para convertirse en una. Si no es así, "es que ya no me quieres". En esos momentos, para Raquel, Bert es terco, cabezota, caprichoso.

Ya sabemos cuál es la acción de Raquel en la escena; luchar por su futuro con Bert, no por el futuro del mundo, conseguir que Bert se retracte "antes de que esta tragedia empiece". Pero, ¿cuál es la actividad de Bert en la escena? Estudia bien el cambio de actividad que se va a producir. Antes de empezar la escena, Bert, ignorante de que Raquel va a venir, puede, por ejemplo, estar repasando su declaración de mañana ante el tribunal. Pero en el momento de entrar Raquel, esa acción debe cambiar. ¿Qué es lo que más le importa hacer aquí y ahora a Bert? No perder a Raquel. Conseguir que confíe en él. (Este es otro de los casos en que el Antagonista quiere algo del Protagonista, para lo que usa como estrategia no hablar del asunto, trata de evitarlo —aunque el Protagonista no le deje— porque sabe que éste es incapaz de entenderlo.)

Hemos estudiado detalles concretos de la escena; pues bien, ahora nos toca generalizar. Vamos a por una posible Fórmula: (recuerda que no es la única, sino una que nos pueda servir para hacer "nuestra" improvisación y que ya no hablamos de Raquel y Bert sino de Protagonista y Antagonista.)

El Protagonista quiere que el Antagonista deje de

poner en peligro un bello acuerdo por una razón práctica, por el bien de los dos y no secreta. El Antagonista niega por una razón de principios, altruísta y no secreta. (Lo que el Antagonista quiere del Protagonista es: deja de tratar de convencerme de que abandone una causa justa.)

Y ahora vamos a ponernos a trabajar sobre esta fórmula. Vamos a tratar de encontrar "arreglos" de ejercicios para improvisar. ¿Anticipas cuál es el problema mayor y más interesante de esta escena? El personaje de Bert y sus ideas, seguro que son compartidas por casi todos los alumnos de la clase. Así, en principio, es más fácil aclarar su comportamiento, pero, aunque reconozcas que hay muchas ideas que compartes con el personaje, siempre habrá diferencias. ¡Búscalas! No es lo que tú harías en esa situación, sino lo que hace el personaje. Por ejemplo: ¿cómo justificas que Bert siga tan enamorado de una pelmaza como Raquel? Pero, ¿y Raquel? Si no entendemos muy bien el porqué de su comportamiento, será muy difícil aclarar este personaje. Ni para el autor ni para el público Raquel debe tener razón. Por ello, la actriz debe buscar un Arreglo, cercano a su propia vida en el que, visto hoy, estaba totalmente equivocada por la influencia de la opinión de una tercera persona. ¿Quién de nosotros no ha cometido errores? ¿Quién no ha actuado bajo la irreflexión, la obstinación o el orgullo? La actriz debe buscar algunos de esos momentos en los que tu pareja piense lo contrario e improvisar sobre ellos. Sólo así podremos aclarar la torpe, pero a la vez apasionante conducta de Raquel. Este es uno de los grandes problemas de la relación del actor con el personaje; cuando defiende unos valores opuestos radicalmente a los suyos... Aparte del problema ideológico que esto representa, ahí está la famosa frase de Simone Signoret: "Haría encantada un personaje fascista en una obra de teatro de izquierdas, pero jamás un personaje de izquierdas en una obra fascista". Aparte de ese encomiable rigor y compromiso con el trabajo, nuestro problema es técnico. ¿Cómo entrecruzarme con este personaje? ¿Cómo relacionarme con algo que no comparto?

Bien, no se trata de ser, en este caso, Raquel, sino ¿qué tendría que pasar o qué circunstancias se tendrían que dar, para que yo me comportase de esa manera? Lo esencial es aclarar la ceguera de Raquel, su falta de razón, sus prejuicios y sus miedos. Para ello debemos buscar un Arreglo de una situación personal, ocurrida o que podría ocurrir con mi pareja, y que se atenga a esta Fórmula.

Posibles Arreglos sobre la Fórmula de la escena de HEREDARAS EL VIENTO: (Supongamos que son Mar y Antonio, los actores que van a trabajar sobre esta escena.)

Arreglo primero:

Mar y Antonio son compañeros, componentes de un grupo de teatro. Antonio ha decidido dejarlo todo y marcharse a Nicaragua a trabajar con los sandinistas. Mar quiere que abandone esta idea, "—Nicaragua no es problema nuestro, que se arreglen ellos solos" y que terminen de traducir juntos la obra que va a estrenar nuestro grupo. Por los derechos han pagado todos sus ahorros y sólo tienen dos meses más hasta el estreno, y aún no han podido empezar a ensayar. (El conflicto en esta improvisación no es tanto discutir si los sandinistas tienen o no razón sino el no imponer unos criterios, unos prejuicios, a nadie.)

Otro Arreglo posible:

Mar y Antonio son hermanos. No tienen padre. Su madre está enferma. Ambos trabajan juntos en una pequeña tienda familiar. Antonio ha decidido encadenarse esta noche en el Ministerio de Defensa para protestar contra el servicio militar obligatorio. Mar quiere que le prometa que no va a hacerlo y que continúe trabajando por el bien de la familia.

Otro posible Arreglo:

Ambos son amigos de toda la vida y han conseguido una beca conjunta para irse a estudiar a los Estados Unidos. La condición de la beca es que realicen juntos un trabajo de vestuario y escenografía. Antonio se ha apuntado en Green Peace y tiene que embarcarse mañana para luchar contra los barcos que tiran detritus atómicos en una isla. Mar quiere que olvide esto ("—es una causa perdida") y continúen con su proyecto; porque si se embarca, perderán la beca.

Busca con tu pareja posibilidades de conflicto que signifiquen algo para ti. No olvides considerar la Relación Emocional. En la escena ambos están enamorados, prisioneros de esa relación voluntariamente. En vuestra relación debéis estar prisioneros de *algo*; lo más sencillo es relacionar con un plan maravilloso, para el cual os necesitáis. Para intentar aclarar esta escena es imprescindible incluir que el conflicto está ya en marcha. Para ello debéis establecer cuándo ha sido la última vez que os habéis visto y cómo acabó aquella bronca. Eso es construir el antecedente real de la Situación Imaginaria.

LAS TRES HERMANAS, de Antón P. Chéjov. (Traducción de Victor Andresco. Ed. Escelicer, 1973. Colección TEATRO nº 754. Acto III, págs. 51-2. Escena de Olga y Natasha.)

El juego de Chéjov, con sus diálogos "aparentemente" superfluos, con sus personajes "aparentemente" anodinos y el paso del tiempo como un largo paseo "aparentemente" sin asperezas, es el caldo de cultivo ideal para la práctica de nuestra técnica.

¿Qué hubiera sido de Chéjov sin Stanislavsky? ¿Hubiera tenido Stanistlavsky la dimensión que tuvo sin las obras de Chéjov? Afortunadamente para el teatro ambos se encontraron y todos conocemos los resultados.

Para Chéjov el mundo interior de los seres humanos, por su enorme complejidad y riqueza, contrasta con la aridez, vulgaridad y apatía del mundo exterior del que forman parte. ¿Buen conflicto, verdad? El río, calmo y lento, de sus vidas esconde un turbulento y subterráneo remolino de sensaciones, que los agita y convulsiona. Texto apacible, liviano, delicado. Subtexto agitado, profundo, fuerte.

Cuando Uta Hagen, la gran actriz y profesora americana, oyó comentar: "lo malo en Chéjov es que nunca pasa nada", contestó: "es cierto, no pasa nada, excepto el final de una época en la vida del hombre y el comienzo de otra".

En *Las tres Hermanas* Chéjov habla de las ilusiones no cumplidas y del final de una forma de vida. Olga representa esa forma de vida que va acabándose y sigue la táctica de la avestruz, escondiéndose en nostalgias y esperanzas e ilusiones falsas. Su sueño, compartido con sus hermanas, de ir a vivir a ¡Moscú! se va deshaciendo suave pero inexorablemente como se han ido deshaciendo los valores, las costumbres y hasta los días de su vida.

Antecedentes:

El hermano de Olga, Masha e Irina, Andréi, se casó hace tres años con Natasha y tienen un niño. Natasha es una muchacha de baja extracción social (sus padres son comerciantes de tres al cuarto, al borde de la pobreza, que se esfuerzan por guardar las apariencias). Poco a poco, ha ido apoderándose, primero de la voluntad de Andréi y después del resto de la casa. Bajo el pretexto de que la habitación de su niño era húmeda, ha hecho que Irina abandone su cuarto de toda la vida y se pase a dormir con Olga. Además, es la amante del presidente del Consejo y está siguiendo su camino para obtener mayor poder, sin detenerse ante nada. Olga contempla todo esto (la destrucción de su hermano —recluído en su cuarto y deshecho—, el aumento de poder de su cuñada sobre la casa y la imposición de sus valores mezquinos sobre los de su familia) impotente y perdida. Culpa de todo ello a Natasha, en vez de a su hermano Andréi.

Situación establecida en la escena (statu quo):

Esta noche ha habido un incendio en un pueblo vecino. Son las tantas de la madrugada y Olga, agotada, está en el dormitorio que ahora comparte con Irina preparando mantas y ropa para algunos que están abajo refugiados. Anfisa, su vieja niñera, de cerca de ochenta años, está sentada, cansada de este día agotador. Natasha ha entrado, con el pretexto de ver el incendio desde la ventana de este cuarto y ha descubierto a Anfisa sentada. Llena de rabia e indignación, al ver a la criada sentada delante suyo, la ha echado del cuarto, violentamente.

Texto de la escena:

NATASHA.— No sé para qué tienes a esa vieja, no lo entiendo.

OLGA.— Perdona, yo tampoco lo sé...

NATASHA.— Pero ¿para qué está aquí? Es una campesina, tiene que vivir en la aldea... ¡Qué condescendencia! ¡Me gusta que haya orden en la casa! ¡No tiene que haber gente de más! ¡Estás cansada, pobrecilla! ¡Se ha cansado nuestra directora! Cuando mi Sófochka crezca y vaya al Instituto, te voy a tener miedo.

OLGA.— No seré directora.

NATASHA.— Te elegirán, Oliechka. Eso está decidido.

OLGA.— Renunciaré. No puedo... Es superior a mis fuerzas... Te acabas de portar tan groseramente con el ama... Perdona, no estoy en condiciones de soportarlo... Se me ha nublado la vista...

NATASHA.— Perdona, Olia, perdona... Yo no quería afligirte...

OLGA.— Compréndelo, querida... Quizá estemos educados de un modo extraño, pero no puedo soportar eso. Esa manera de tratar a la gente me deprime, me pone enferma... ¡me desanimo!

NATASHA.— Perdona, perdona...

OLGA.— Cualquier cosa, la más pequeña grosería, una palabra descortés, me turba...

NATASHA.— Muchas veces digo cosas de más, es cierto. Pero has de reconocerlo, querida, podría vivir en la aldea.

OLGA.— Hace ya treinta años que está en nuestra casa.

NATASHA.— ¡Pero si ahora no puede trabajar! O soy yo la que no entiendo o eres tú la que no quiere entenderme. Es incapaz de trabajar. Sólo duerme y come.

OLGA.— Pues que siga así.

NATASHA.— ¿Cómo que siga así? Pero si es una criada.

No te comprendo, Olia. Tengo un ama, una nodriza, tenemos doncella, cocinera... ¿para qué necesitamos a esa vieja? ¿Para qué?

OLGA.— Esta noche he envejecido diez años.

NATASHA.— Tenemos que ponernos de acuerdo, Olia. Tú en el Instituto y yo en casa, tú con la enseñanza y yo con las labores domésticas. Y si yo digo algo acerca de la criada, significa que sé lo que digo. Yo sé lo que digo... Y que mañana mismo no esté aquí esa vieja ladrona, ese vejestorio... ¡Esa bruja!... ¡Prohibo que se me irrite! ¡que nadie se atreva! Claro que si no te cambias al piso de abajo, vamos a regañar siempre. Es horrible.

Aquí tenemos a Natasha convertida en Protagonista de la escena. Quiere que Olga envíe a la criada a su pueblo, puesto que no vale para nada. Olga no quiere porque Anfisa es parte de la familia. Bastante ha trabajado en su vida.

El objetivo de Natasha es el control total de la casa. Tener ella las llaves de la casa y organizar la vida aquí dentro. ¡Ella es la esposa del dueño! Tiene derecho y, prácticamente, sería mejor (la situación actual es ridícula) porque Olga debe dedicarse a sus clases y dirigir su colegio, y ella hacerse cargo de todo aquí. Como en casa de sus padres no había criada y ella tuvo que hacer esas labores, sabe perfectamente cómo llevarlas, ¿qué va a saber Olga, que es una maestra? Olga sabe muy bien lo que está buscando Natasha. Pero no sabe qué hacer.

La Relación Social, cuñadas, las hace prisioneras de la situación. Ambas viven en la misma casa y ninguna de las dos quieren ceder.

Una posible Fórmula sería:

La Protagonista quiere de la Antagonista que sea corregido un abuso, por una razón práctica, por el bien de todos. La Antagonista no quiere por una razón de principios, altruista.

La razón secreta (aquélla de la que el personaje prefiere no hablar) resulta ser la más concreta y específica de todas. Para justificar la razón secreta de la Protagonista, necesitamos profundizar un poco más en el personaje. Natasha tuvo, antes de vivir en esta casa, una gran envidia de las tres hermanas (sus maneras, su educación, su cultura) por el mundo que ellas representaban. Hoy, tres años más tarde, Natasha desprecia la debilidad de estas mujeres: "—muy finas, muy cultas, pero enfermizas... sin hablar del calzonazos de su hermano." ¿Queda algo en ella de esa envidia o se ha convertido tan sólo en desprecio? Eso es algo que debemos estudiar. Lo cierto es que Nastasha sabe lo que quiere, y lo quiere aquí y ahora. Sabe que en sus manos la casa funcionará y que en manos de las hermanas se viene abajo.

Vayamos ahora con Olga. Se niega a acceder a la exigencia de Natasha porque para ella cuidar de Anfisa es un deber sagrado. Pero en su fuero interno tiene que ocultar el miedo que tiene a este "tanque" de fuerza que es Natasha. Su objetivo en esta escena, es aplazar lo inevitable. Conseguir posponerlo con la esperanza de que algún milagro "nos lleve a Moscú". Lo más interesante del personaje de Olga es su conflicto interior: ¿Qué me pasa? ¿Por qué no puedo con esta mujer? Y por encima de todo, "¡NO puedo dejarme provocar por ella! ¡Que no me saque de mis casillas!" Esta lucha interior y esta impotencia, son los motores que activan el comportamiento de este personaje.

Ha llegado, quizás, el momento de añadir un calificativo más específico al tipo de razones. ¿Son dignas o indignas? ¿Para el personaje? ¿Para los demás? ¿Para ti? ¿Para el autor? Trata de pensar sobre ello y decidirlo. Trabajémoslo en el caso de Olga y Natasha. Ambas piden justicia desde un punto de vista totalmente opuesto. Ambas se consideran justas. Para Natasha no cabe duda de la justicia de su propósito, sea éste digno o indigno. Sabe cuáles son las metas y no le importan los medios. Para Olga, el problema de su propia dignidad es más delicado. ¿Qué piensa de su cobardía? ¿De su debilidad?

Hablemos ahora del autor. ¿Qué piensa? Chéjov no juzga, ama a todos sus personajes y no decide. No los admira, tal vez no está de acuerdo con ellos; pero descubre los porqués de sus caracteres. Ve la cara y la cruz de la moneda. Analiza y profundiza, pero no critica. Plantea preguntas, pero no soluciones. Tal vez la verdadera enemiga de las tres hermanas no sea Natasha, sino la falsa ilusión, la melancolía y nostalgia por lo inalcanzable: Moscú. Ellas no luchan activamente y dejan así que su mundo se deshaga. Natasha lucha llena de fuerza para llevar a cabo sus deseos, esté equivocada o no.

La Fórmula resultaría ser:

La Protagonista quiere que la Antagonista corrija un abuso por el bien de todos. (La razón secreta sería práctica, egoísta y, para ella, justa.) La Antagonista niega por una razón de principios, altruísta (la razón secreta sería emocional, por el bien de los suyos y para ella —su debilidad— indigna.)

Posibles Arreglos: (Las actrices que van a trabajar en esta escena podrían ser Paca y Begoña)

Begoña es una actriz del grupo que dirige Paca. Quiere que Paca, como directora, eche del reparto a Enriqueta, otra actriz del grupo, porque no da el tipo para el papel y va estropear todo el montaje. Paca no quiere porque Enriqueta es una de las fundadoras del grupo y está en él mucho antes de la entrada de Begoña. Ella sabe lo que esa actriz luchó en los malos momentos y que gracias a ella salieron adelante. Posiblemente no es el tipo adecuado para el papel, pero tiene otros valores. La razón secreta de Begoña sería que está intentando producir una crisis en el grupo, porque quiere ser la directora de la obra. La razón secreta de Paca podría ser que los ensayos van mal y no sabe si será por culpa suya. Quizás no es obra para el grupo y sea una mala elección. Quizás no sea ella la directora idónea para esa obra, pero Begoña tampoco lo es. Algo va mal y no sabe cómo arreglarlo.

Otro posible Arreglo sería:

Paca y Begoña son hermanastras. Begoña, que es la pequeña, quiere convencer a Paca de la necesidad de mandar a su padre, bastante anciano, a una Residencia donde le van a cuidar mucho mejor que aquí. Paca se niega porque no puede pensar en mandar a su padre lejos de ellas. La razón secreta de Begoña es que necesita declarar incapacitado a su padre (lo cual es verdad) para poder llevar los balances del pequeño negocio, que aún sigue a nombre del padre, y salvarlo de la bancarrota. La razón secreta de Paca es el mal ambiente que reina en la casa... su confusión, su lucha interior: en algo Begoña tiene razón; y lo que es peor, no sabe cómo arreglarlo.

Otro posible Arreglo:

Buscando el clima de humor, tan esencial en Chéjov, Begoña y Paca han buscado el siguiente Arreglo: ambas son primas y viven en Madrid, en el piso de su abuela materna, que se lo ha dejado a ellas, mientras estudian. Paca ha traído consigo a su perro, al que adora. Begoña quiere que eche a ese perro de la casa porque no para de hacerse pis en las alfombras y de ladrar al menor movimiento de alguien en la escalera. La razón secreta de Begoña es que quiere que Paca la deje sola en la casa, porque tiene novio y le encantaría que pudiese venir a visitarla. Paca no quiere por cariño a su perro, que en muchos momentos ha evitado que entren ladrones. La razón secreta de Paca es que teme la influencia que Begoña tiene con su abuela y acabe sin tener sitio donde vivir con su perrito.

Espero que te hayas dado cuenta de cómo, a través de los ejercicios, hemos ido abriendo e intensificando las razones, las relaciones y demás elementos del ejercicio. Tu imaginación puede ya creer situaciones no tan estrechamente relacionadas con tu vida. La diversidad de tus ideas te han ido acercando, como un gato que merodea a su gata, a tu personaje. Tú mismo te darás cuenta de cuándo esto empieza a pasar y cómo te irás identificando con su conducta, comprendiéndole y al final, ¡cómo no!, enamorándote de él. Dentro de ti has encontrado la esencia de su comportamiento, los motores que le hacen actuar así:

HAS "ACLARADO" EL PERSONAJE

Ya estás dispuesto para entrar en la Tercera Etapa.

Capitulo 3

TERCERA ETAPA

¡Y volvemos a la escena!

Si echamos una mirada atrás verás que hemos partido de la escena, la hemos estudiado y hemos abstraído sus elementos esenciales. Hemos hecho Arreglos sobre ella y has aclarado algo en tu interior que te ha acercado al personaje. De lo concreto de una situación hemos abstraído su esencia y la hemos concretado otra vez en tus circunstancias. Pues bien, ya estamos preparados para volver a la escena. Un círculo perfecto.

IMPROVISACIONES SOBRE LA ESCENA «COMO PERSONAJE», ANTES DE APRENDER EL TEXTO DEL AUTOR, CAMBIANDO POSIBILIDADES O CIRCUNSTANCIAS QUE NO ALTEREN SU ESENCIA.

Aunque pueda parecértelo, todavía no estamos en un ensayo, sino que continuamos haciendo ejercicios para fortalecer tu técnica. No buscamos, por lo tanto, resultados inmediatos, queremos tan sólo investigar y profundizar en el conocimiento de las escenas.

Vamos a suponer que has trabajado mucho, durante

meses, en las etapas anteriores, comprometiéndote en tus improvisaciones. Arreglo tras Arreglo, ejercicio tras ejercicio, has conseguido empezar a conocer y a manejar tu propio mundo y el del personaje. Has entendido "orgánicamente", desde tu propio yo, las razones que mueven y alimentan su comportamiento. Sabes en qué circunstancias te podrías comportar como él. Le conoces y, por lo tanto, te sientes identificado con él. ¿Me dejarías decir que te has enamorado de él? Si es así, no tenemos derecho a demorar ni un minuto más el encuentro de dos enamorados: ha llegado el momento de *incorporarlo*.

Y vamos a hacerlo de una manera indirecta. No ensayaremos todavía la escena, sino que improvisaremos con ella. Usarás frases inventadas por ti pero dentro de la situación establecida y *como personaje*. Los ejercicios tendrán igual estructura que los de las anteriores etapas, es decir, perseguirás el Deseo del personaje (Protagonista) o bien negarás como personaje (Antagonista). Te concentrarás en los objetivos y las razones de los personajes. Usarás la Relación Social que une a los personajes y el ejercicio se realizará en el lugar ideado por el autor. (Para ello utilizarás elementos que te ayuden a adecuar el aula al espacio pedido y tendrás que disponer los muebles y objetos esenciales para la escena.) De igual manera debes aplicar el resto del esquema: ¿Por qué?, ¿Qué pasa si no lo consigues?, ¿Por qué no? Relaciones Emocionales, Urgencia, Estrategias, Actividades, Razones para entrar... del personaje. Durante estos ejercicios pueden surgir frases parecidas a las utilizadas por el autor. No debes buscarlas, pero tampoco es necesario que las evites conscientemente. Lo importante es que el texto no te paralice y que persigas los objetivos de los personajes.

Los ejercicios te van a ayudar a ajustar espontáneamente cualquier provocación no esperada. Por eso son improvisaciones, más atadas que aquéllas con las que empezaste, pero improvisaciones al fin y al cabo. TOMATELAS COMO UN JUEGO. Las reacciones, las frases o los accidentes que puedan surgir en el mismo, te sorprenderán y de esa manera conocerás cómo puede reaccionar el personaje y cómo no lo hace. De esa manera, aparte de ampliar tu técnica, le irás comprendiendo en vivo y en su interior. *Le conocerás en acción.*

Posteriormente podemos ampliar el juego y cambiar ciertas circunstancias de la escena, que no toquen su esencia y abrir las posibilidades de la misma. El objetivo primordial del ejercicio es *obligarte a escuchar* como personaje, a concentrarte para responder a cualquier provocación no esperada y librarte de cualquier comportamiento o tono prefijados.

Recuerda que el personaje no sabe lo que tú, como actor, sabes. Debes aprender a vivir la Situación Imaginaria tal como la vive el personaje, es decir, recibiendo de nuevas lo que acontece a su alrededor y reaccionando según su personalidad y sus hábitos. Debes ayudarte a olvidar todo lo que sabes del proceso de la escena y la única manera que tienes para ello es concentrarte en los demás.

Un ejemplo: En *Heredarás el viento*, sin que lo sepa el actor que encarna a Bert, la actriz le planteará, seriamente: ... "—Si sigues adelante con el juicio, olvídate de mí. Te juro que no me volverás a ver nunca." ¿Cómo reaccionaría Bert? ¿La dejaría marchar? ¿Qué haría a solas si Raquel se marchara?, etcétera.

Si no entra el Protagonista o si no estuviese el Antagonista —por una razón justificada y secreta—, ¿cómo se comportaría mi personaje? Este ejercicio nos ofrece, como éstas, mil posibilidades con las que podemos jugar. (Y es siempre interesante preguntarse, justificar por qué no las ha puesto el autor). Puede que estas posibilidades las haya sugerido el profesor, o puede que alguno de vosotros, lo que importa es que las variaciones sean secretas para la persona que las va a recibir y así poder ejercitar su capacidad para sorprenderse *como personaje* y provocar su espontánea e inmediata reacción.

Durante estos ejercicios debes estar totalmente receptivo, con tus "antenas"... las de tu personaje... preparadas para recibir, ya que no sabes los cambios que tu pareja pueda plantearte.

En tu futuro profesional procura no olvidarte jamás de esta técnica por mucho que sepas del personaje, por mucho que estudies la obra, por muchos ensayos o representaciones que hagas. Siempre, repito, siempre tu actuación deberá estar bañada por lo que recibas en cada preciso instante sobre el escenario. Escucha, recibe, y reacciona, sea con texto o con comportamiento. No importa cuál sea tu reacción —a veces es refleja e inmediata, a veces provoca un pensamiento—, lo que has de hacer siempre es:

ESCUCHAR, RECIBIR Y REACCIONAR.

INTRODUCCION DEL TEXTO DEL AUTOR EN LAS IMPROVISACIONES:

"*¡Con la Iglesia hemos topado, Sancho!*"

Es un problema bastante generalizado en nuestro proceso de trabajo, que toda la frescura, vida interior, capacidad de improvisar con las provocaciones no esperadas y, en definitiva, la libertad de comportamiento se paralicen momentáneamente cuando introducimos algo tan "aparentemente" rígido como son las frases inventadas por el autor y, por lo tanto, extrañas a tu vocabulario. Tantas veces hemos hablado y tratado de resolver este tema que, a veces, nos extraña que todavía siga planteándose.

Creemos que todo se origina por un mal *primer* enfrentamiento con el texto. En una falta de "amor" a las palabras, fuente de nuestro estudio.

Piensa que cuando hablas, las palabras son el resultado de un proceso interior consecuente de una provocación exterior o de un pensamiento. Proceso en el que actúa de forma determinante el bagaje cultural que poseas y tus circunstancias. Ese pensamiento o esa provocación crea un sentimiento, que lleva a un gesto y FINALMENTE a la palabra. Siempre tiene ese orden.

Todo ese mundo interior, emocional, social, instintivo o intelectual es el mundo del "SUBTEXTO", en el que el texto es el pico de un inmenso iceberg, que guarda toda la riqueza de un personaje y de una situación. La dirección o la finalidad de la frase es la "INTENCION". (De ambos, subtexto e intención, hablaremos más adelante.) Lo que importa ahora es que te des cuenta de que el texto no es algo duro, inflexible o rígido, sino algo dúctil, fresco, que florece cada día lleno de matices y dependiente de otros factores que lo modifican y refrescan, que le dan vida.

Una mínima frase puede tener mil maneras distintas y válidas de decirse. Elegir el "cómo" decir una frase es el final de un larguísimo proceso, que no acaba nunca y que depende cien por cien del "Qué" dices, "Por qué" lo dices, "A quién" se lo dices, "Dónde" lo dices, "Para qué" lo dices, de tu situación emocional, de la de los demás, etc...

Para evitar todo miedo al texto del autor, vamos a trabajar en dos campos:

1) TRABAJO SOBRE EL TEXTO

Su construcción, su sentido lógico y las circunstancias que producen esas frases y no otras.

2) TRABAJO SOBRE TEXTO Y EL SUBTEXTO:

2a) Qué es el subtexto. Tipos de subtexto.
2b) Ejemplo de la influencia del subtexto en el texto.
2c) Ejercicios sobre el texto del autor con las circunstancias dadas (escena).
2d) Superobjetivos.
2f) Intenciones.
2e) Ejemplo de TRABAJO DE MESA: búsqueda de otro posible subtexto e intenciones a la escena de "Tres Hermanas", de Antón Chéjov.

1) TRABAJO SOBRE EL TEXTO MISMO. Sentido LOGICO del texto.

Si analizas la estructura de una frase simple recordarás que un sujeto hace una acción *a, para, por, en,* etc... determinadas circunstancias (SUJETO, VERBO Y COMPLEMENTOS). Con el lenguaje comunicas esa acción, la afirmas, la niegas, la ordenas, la recuerdas, la preguntas, la condicionas, etc. Es lo que el personaje dice. Puede mentir, dudar o estar confundido. Pero tiene un sentido lógico. A veces, las menos, puede ser confuso (locura, borrachera, situación emocional altísima, drogas, etc.) pero aun en esas situaciones el actor debe dominar el sentido de lo que dice, aunque el personaje pueda no tenerlo. Tal vez el texto sea absurdo, pero siempre tendrá una estructura, por muy interna o confusa que ésta sea. Y, sobre todo, dice esas palabras, no otras.

Si Raquel, por ejemplo, dice: ... "—¡Hola, Bert!". Al encontrarse por primera vez con esta frase, la actriz pensará inmediatamente que está saludando a alguien que ella conoce —obvio, ¿verdad?— (En los ensayos estudiaremos "cómo" sale esa frase.) ¡Claro que existen mil y una maneras de verbalizar ese saludo! Pero si le encontrara desvanecido, caído en el suelo, no diría: "—¡Hola, Bert!" Puede alterar la frase y gritar "—¡Bert!", y a continuación intentar reanimarle diciendo "—¡Hola!" pero, como verás, la estructura de la frase ha tenido que cambiar. Puede, si sospecha que Bert le está gastando una broma, decir, como si no pasara nada: "—¡Hola, Bert!", pero, aún en este caso, le estaría saludando.

Por ello debes estudiar *profundamente*: ¿Por qué mi personaje dice esa frase y no otras? En el caso de Raquel, ¿no sería más sencillo decir: "—¡Dios mío, Bert! ¿Qué te pasa?" o "—¡Ayúdenme!" etc. Por ello todo nuestro estudio del subtexto no debe olvidar nunca que el comportamiento final lleva a una frase determinada y no a otra.

El "toniquete" teatral es falso, teatrero y negativo para la veracidad del espectáculo, pero el tono neutro es tan negativo y tan falso como el anterior. No existe la neutralidad porque el lenguaje está adherido al comportamiento tanto como la emoción o el pensamiento. Neutralizarlo es prescindir de una de las más hermosas partes de nuestro trabajo: la comunicación verbal. Imagina, entonces, lo que se pierde cuando los personajes se expresan en prosa poética o verso. ¡Es absurdo renunciar a la belleza del texto!

El cuerpo nos puede servir de símil y ejemplo para

aclarar el problema anterior: es como si para evitar movimientos estereotipados y falsos tuviésemos que caminar o movernos de forma antinatural.

Otro valor, aunque excepcional, es ir contra texto. Por ejemplo, decir "¡Qué fea eres!" a una mujer hermosa o irónicamente decirle a un reconocido tacaño: "¡Qué *generoso*!", pero date cuenta de que aun en esos casos dices "¡Eres fea! o ¡eres generoso!". Es decir, dices esas palabras, no sus antónimos.

La mala comprensión del trabajo sobre el texto ha llevado a muchos actores a sustituir el subtexto por el texto y crear una interpretación confusa y deficiente. El subtexto es el apoyo del texto. Podríamos decir "el contexto del texto". Pero el subtexto tiene tan poco valor sin el buen uso de la palabra, como ésta lo tiene sin él. El desprecio de algunos actores por el sentido del texto es muchas veces una tapadera para esconder su incapacidad de asumir las palabras del personaje. CLAVE FUNDAMENTAL PARA EL COMPORTAMIENTO ORGANICO EN EL ESCENARIO.

Busca, rastrea, estudiando o inventando, el origen de las palabras del personaje y su orden. ¿Por qué construye así las frases? Esa es, en definitiva, la manera de conocer la ordenación de los pensamientos, las sensaciones y los conocimientos del personaje: ¿Cuándo, concretamente, ha conocido los lugares que cita? ¿Qué piensa de ellos? ¿Tiene alguna peculiaridad al hablar? ¿Usa "latiguillos" como: "Bueno... Pues... Esto... etc..."? ¿Tiene una formación clásica? ¿Se expresa de una forma retorcida? ¿Utiliza el lenguaje de la calle? ¿Las frases son suyas o a veces repite lo que ha oído o aprendido? ¿Tiene un vocabulario extenso o corto? ¿Se expresa confusamente o con claridad? ¿Es poético o excesivamente racional? Buen campo para trabajar, ¿verdad?

Strasberg decía: "No estoy en contra del texto... No

rechazo el texto. Estoy en contra de una forma de teatro en la que la manera de decir es lo único importante y los sentimientos del actor quedan relegados a un plano secundario." Busca la verdad del texto del autor, de dónde viene, el por qué de esas frases y de todo el texto de principio a fin. ¡Hazlo tuyo, conociéndolo! Ve más allá del texto, más profundamente, pero nunca lo desdeñes. ¡Lo vas a necesitar!

2) TRABAJO SOBRE EL TEXTO Y EL SUBTEXTO:

2a) Qué es el subtexto. Tipos de subtexto.

Peter Brook dice que para él el subtexto es "el espacio que hay entre dos palabras." Nosotros llamamos SUBTEXTO a lo que no se dice, al mundo interior que da como resultante la manera de expresión del texto que consigue el actor. Es un río subterráneo por el que navegan las palabras, el cual transcurre por debajo de ellas; por ello, su velocidad, su ritmo, su color y su intensidad dependen totalmente de aquél.

A veces está explícito en el texto, pero la mayoría es más profundo, más rico, más sugerente.

Solemos decir que el texto es el pico visible de un iceberg que tiene sus décimas partes oculta. Joseph Chaikin, del Open Theatre, expresó, con acierto, que "el lenguaje en todo el mundo no es más que un ropaje y, usualmente, una máscara". Por ello estudiamos primero ese ropaje: lo que dice el personaje; después, lo que está tratando de decir; y, tercero, lo que no dice (Lo que el personaje podría decir y no dice. ¿Por qué no lo dice?).

El texto es el trabajo del autor, el subtexto, el del actor y las intenciones, el del director. Los trabajos del actor y el director no están limitados por el texto sino inspirados en él. Tu trabajo será hacer vivir esas palabras, hacerlas obvias es fácil, lo creativo es darles su auténtico significado dentro de la situación dramática. Pensamientos, silencios, emociones, recuerdos, sueños, miedos, sensaciones o transiciones te ayudarán a encontrar la manera, el "cómo", decir las frases.

Tipos de subtexto:

1. Todo el mundo interior del personaje y sus circunstancias.
2. Las razones secretas que el personaje, conscientemente, no quiere descubrir ante los demás.
3. Las razones que el personaje se oculta a sí mismo, su inconsciente.
4. La ironía, la sátira, el sarcasmo, la hostilidad encubierta, el deseo de herir sin descubrirse.
5. Al escuchar. Nunca daremos bastante importancia a este momento. Aquel que se produce en el interior del personaje al escuchar a los demás personajes, sus frases y, ¡ojo!, su comportamiento.
6. Las reacciones que se producen durante los silencios (Pensadas o reflejas que crean el monólogo interior que quizás el personaje podría expresar verbalmente y no lo hace)

Stanislavsky, en *Mi vida en el arte*, pregunta: "¿Qué tiene más importancia: los momentos en los que se habla o las reacciones interiores provocadas por las palabras dichas por otro?". Para Stanislavsky, desde luego, lo segundo.

Personalmente no estoy del todo de acuerdo con esta definición tan tajante, pero desde luego es muy significativa. Probablemente, esta definitiva postura de Stanislavsky estuviera justificada por su lucha contra los abusos de su época, en los que el único valor era la forma de decir un texto. Era su manera de expresar la necesidad de escuchar en el escenario.

Cualquier buena obra está cimentada en el subtexto.

Si tomamos, por ejemplo, algunas de las situaciones de las escenas ya estudiadas podría clarificarte la importancia de la elección del subtexto y los diferentes tipos que antes hemos enumerado:

En el caso de *El tragaluz*, el subtexto que podemos elegir sería: Cuando el personaje no quiere descubrir sus razones secretas, consciente de ellas, por su propio bien o por el bien del otro. Vicente está inmerso en su lucha interior, tratando de negar su culpa. Sus palabras acusan y critican a Mario, pero su subtexto es su lucha interior. Cuando dice: "—¿De qué hablas?", sabe perfectamente de lo que está hablando Mario. Primero está hablando de Beltrán, segundo está hablando del pasado. Mario está diciendo con su subtexto lo que aconteció en la guerra civil cuando Vicente les abandonó no bajándose de aquel tren; además, le está diciendo que ha vuelto a subir al tren que más le conviene, nunca se ha bajado de ese tren.

En *Invitados a cenar*, el mismo tipo de subtexto, el Protagonista trata de no descubrir sus razones secretas; en este caso cómo ha conseguido saber las razones que mueven el comportamiento del Antagonista.

En *Heredarás el viento*, Bert oculta por el bien de Raquel, que su lucha no es sólo ideológica, sino que está tratando de salvarla de la nefasta influencia que el padre ejerce sobre ella.

Otro tipo de subtexto (Inconsciente), se da cuando

el actor sabe lo que el personaje no quiere reconocer de él mismo.

Por ejemplo: Mario en *El Tragaluz*: él no puede reconocer su odio-amor hacia Vicente. La interpretación que más me interesa es el descubrimiento de Mario, al final de la escena, de su amor hacia Vicente en la esperanza de verle salvarse a sí mismo, a pesar de que durante toda la escena le acusa despreciándole con crueldad. (Otra interpretación podría ser que todo lo que dice es pura estrategia para humillarle y de esta manera hacerle reaccionar). En el caso de Vicente, una buena posibilidad podría ser su admiración *inconsciente* hacia la honestidad inquebrantable de su hermano. Y está tratando de probarse que un hombre que no está en venta no puede existir. Este sería su objetivo inconsciente.

El otro tipo de subtexto, hostilidad escondida, oculta entre indirectas, podría darse en el caso de Raquel en *Heredarás el viento* cuando con medias palabras le está recordando su soledad, que sabe que es la parte más sensible de Bert.

En el caso del subtexto que se crea al escuchar podemos observarlo en *Esperando al Zurdo*. La reacción de Edna a la frase de Joe "—... no quieres verme vivo". El autor pide una larga pausa antes de que Edna conteste. El subtexto es el proceso dentro de esa pausa. Uno de estos posibles procesos, que Edna no dice, podría ser: "... no, porque has muerto ya. No hay remedio. Debo marcharme". Este subtexto daría color a las siguientes frases de Edna.

Otro caso muy interesante es el de la escena entre Rocco y Nadia en *Rocco y sus hermanos*. El subtexto de esta escena es mínimo ya que ambos exponen su verdad desnuda. Nada en la escena es mentira o indirecto. Se sorprenden el uno al otro pero nunca a sí mismos. No esconden nada. Cuando, por ejemplo, Nadia dice: "Te odio... Dios mío... ¡cómo te odio!", expresa exactamente lo que quiere decir.

Lo más interesante de esta escena es el proceso interior de Nadia desde su amor a su odio.

2b) Ejemplo sobre la influencia del subtexto en el texto.

Vamos a trabajar, prácticamente, cómo las variaciones en el subtexto pueden modificar el texto. Para empezar pido ayuda a un actor y a una actriz. Voy a inventar un texto y les pido que lo lean conmigo. No saben nada del tema, ni de los personajes, ni tan siquiera de la circunstancia específica de la acción. Así se tendrá plena libertad para decir las frases directamente relacionadas con la provocación que recibamos y los cambios que iré introduciendo.

Texto inventado:

LAYTON: Estabais juntos anoche.
ACTRIZ: No.
LAYTON: Dime la verdad.
ACTRIZ: Te lo juro.
LAYTON: ¿Cómo voy a asegurarme?
ACTRIZ: ¿Qué podemos hacer para convencerte?
LAYTON: Bueno. No importa.

Primero aprendemos este texto de memoria. Para poder decirlo "de carrerilla", sin vacilar. Intentando evitar que pensemos antes de hablar. Sin pensar, sin ningún sentido, de memorieta. Lo repetimos una y otra vez de una manera mecánica y fría. De la misma manera que nunca podría decirse en la escena o en el ejercicio. Como papagayos. Mi segunda petición es que agudicen su capacidad de recepción. Recuerda: "Escuchar con los cinco sentidos y la mente muy abierta, en alerta" y que, como en un juego, traten de adivinar sobre la marcha en qué situación les iré colocando. De esta manera veremos cómo el subtexto determina y descubre diferentes interpretaciones, completamente distintas, de un mismo texto.

Voy a variar, sin que ellos lo sepan: Deseo, Relaciones Sociales y Emocionales, Razones, Estrategia y Estado de Animo. Después de cada ejercicio iremos analizando esas variaciones.

Primera posibilidad:

Uso ese texto porque *quiero* (Deseo) que mi mujer (la actriz) me convenza de que anoche no estaba con mi mejor amigo (el actor), que no son amantes, que no me han traicionado. Mi objetivo es tranquilizarme. Mis estrategias: suplicar, pedir ayuda. Estado de ánimo: angustia, desilusión.

Segunda posibilidad:

El mismo texto lo utilizo porque *quiero* que mis dos actores favoritos, que para mí son como mis hijos espirituales, me confirmen si se han casado en secreto. Quiero ser el primero en saberlo, que compartan conmigo su hermoso secreto y poder brindar juntos por su felicidad. Mi objetivo es confirmar mis sospechas. Mis estrategias: tomarles el pelo, comunicarles lo mucho que les quiero, darles confianza en mi discreción. Estado de ánimo: alegría, juego, felicidad.

Tercera posibilidad:

Vuelvo a utilizar el mismo diálogo porque, como abogado de estos dos hermanos, sometidos a juicio, *quiero* que pongan las cartas sobre la mesa, que digan la verdad. Les propongo un trato profesional. Mi objetivo es que me digan la verdad para poder establecer una coartada. Averiguar si mienten. Y si lo hacen comprobar si lo hacen bien o son unos ingenuos, ya que su futuro es lo que está en juego. Para así poder pensar la mejor manera de ayudarles. Mis estrategias: trampas para hacerles caer, todo es estrategia para comprobar la fortaleza de sus afirmaciones. Estado de ánimo: seriedad, frialdad, cinismo.

Cuarta posibilidad:

Las mismas frases como padre de la esposa, ahora son matrimonio, *quiero* saber la verdad. Mi deseo es que dejen de negar lo que yo vi, ya que si no es así es que estoy volviéndome loco. No quiero que se den cuenta de esto (Razón secreta). Tengo que averiguar si no es una trampa que me están tendiendo para encerrarme en un manicomio y quedarse con la empresa. Mi verdadero objetivo esta vez es conmigo mismo: Convencerme de que no me pasa nada, que no estoy enfermo, que lo que ocurre es que están mintiendo. Mis estrategias: acusarles, despreciarles, ocultar. Estado de ánimo: terror, desequilibrio, nervios.

Trabajando de esta manera con un mismo texto tendríamos cuatro situaciones y cuatro grupos de personajes según el subtexto que utilicemos.

Pero nuestra auténtica meta es que tu técnica te ayude en el futuro a realizar ensayos creativos: Que consigas olvidar cualquier idea preconcebida, que aprendas a dejar salir el comportamiento a través de las provocaciones inmediatas, que trabajes *momento a momento* la situación, utilizando lo que está pasando en cada instante, bañado por lo que ha acontecido antes, pero ignorando lo que vendrá después.

En los ejercicios posteriores, y más adelante en los ensayos, te irás dando cuenta de cómo cada día la misma escena va transformándose, cómo esa situación que parecía única e inflexible sobre el papel se abre en mil y una posibilidades al ser incorporada por seres vivos, que están trabajando "aquí y ahora", empapándose por la realidad concreta que tienen en ese momento dentro de la circunstancia dada por el autor.

2c) Ejercicios sobre el texto del autor con las circunstancias dadas (escena).

Gracias a los ejercicios de la Segunda Etapa, conoces alguna de las claves fundamentales que te han hecho comprender el personaje. Te sientes cerca de él, lo tienes dentro, puedes partir de tu propio organismo para incorporarlo porque recuerda que "tú" eres el centro de tu personaje. Además, posees la técnica necesaria para apoderarte del texto, conocer su estructura y aprenderlo de memoria sin un fallo (debes poder repetirlo sin necesidad de pensar ni un instante) y, sobre todo, eres capaz de eliminar los prejuicios sobre los "tonos", las maneras de decir y cualquier sentido artificial preconcebido.

Entonces empezamos la siguiente tanda de ejercicios con la estructura que tan bien conoces:

Primero os habéis puesto de acuerdo sobre la historia: antecedentes, Relación Social, personajes que conocéis ambos y los que conocéis por separado, ¿qué causas han producido la situación?, la Relación Emocional que tiene el personaje hacia el otro hasta el momento de empezar la escena, ¿cómo acabó vuestro último encuentro, si lo ha habido?

Tu pareja y tú preparáis el lugar. Primero, como el personaje Protagonista lo dejó la última vez que estuvo ahí. Si no lo conociera, si fuera la primera vez que entra en ese lugar, el actor que va a improvisar como personaje Protagonista debe dejar que sea el personaje Antagonista quien lo prepare a solas (el lugar tiene una significación, social, emocional, para los personajes. ¡Estudia cuál es, y por qué!)

El actor cuyo personaje sea el Protagonista sale a preparar al pasillo aunque en la escena su personaje no venga de afuera. La razón para ello es que aún estamos haciendo ejercicios.

El actor cuyo personaje sea el Antagonista empieza su actividad directamente relacionada con la que su personaje hace o podría hacer en la escena.

Empezáis la preparación, como siempre: Rememoráis emocionalmente vuestras razones, por separado. (Ya sabes: por qué quiero o no quiero, por qué es urgente, qué pasa si no lo consigo o si el otro lo consigue, por qué debo terminar mi Actividad, cuál es mi Relación Emocional con el otro hasta este momento) Cuidado con este trabajo: son las razones del personaje, pero que tú comprendes y asumes, que a ti te activan interiormente. No valdrá de nada que comprendas sólo intelectualmente esas razones, lo cual es imprescindible, si no están arraigadas en ti, si no te dicen nada emocionalmente. Esta es la verdadera zona que compartes con el personaje, en la que ambos sois uno.

¡Y vamos con la situación!:

Señal.

Despertamos el Estado de Animo que tendría el personaje antes de empezar; durante los ejercicios puedes variar ese estado de ánimo, justificándolo como personaje, por las diversas circunstancias que le han podido ocurrir antes de empezar la escena: ¡juega con tu imaginación!)

El siguiente paso sería iniciar la actividad o concentrarse en la Razón para Entrar (que al igual que el Estado de Animo podéis variar en el transcurso de los ejercicios)

Lo fundamental es vuestra concentración en los objetivos concretos, no en la escena en general. Durante esta improvisación sobre la escena el trabajo consiste en perseguir los objetivos, con o sin texto, recibiendo y reaccionando con lo que recibas del otro.

No se trata de crear la ilusión de la primera vez, ya que es la primera vez que recibes esas provocaciones. No sabes, ni quieres saber cómo vas a decir la frase, ni lo que va a pasar, tu concentración está en alcanzar tu objetivo.

No necesitas la provocación más adecuada para decir tu texto, sino la primera que recibas con claridad. Si, por ejemplo, te sobresalta algo, di tu frase bañada por ese sobresalto aunque ésta sólo sea un saludo. Será un saludo sobresaltado. Lo interesante es que sepas manejar ese sobresalto. ¿Cómo lo toma tu personaje? ¿Qué significa para él?

No inventes frases, pero en estos ejercicios puedes utilizar sonidos o monosílabos que te surjan espontáneamente. Tal vez silencios porque la provocación te hace reflexionar. Momento apasionante porque estás aprendiendo a pensar como personaje.

A veces estarás confundido, o torpe. A veces te provocará un movimiento o una parálisis. A veces, tartamudeo o locuacidad, no se sabe. Lo cierto es que estás dentro de tu personaje. ¡Ya estamos interpretando!

Es esencial para nuestro trabajo que seáis creativos durante este proceso experimental. Crear la escena siempre como si fuera la primera vez y para eso usamos este tipo de variaciones que día a día iréis inventando con más y mejor fluidez y, además, iréis incrementando el hambre de recibir sorpresas de vuestras parejas.

Poco a poco el ejercicio se irá completando y llegará el momento en que puedas hacerlo entero, sin cortes, y sin que hayas perdido ni un ápice de la sensación de que estás improvisando con texto. Creando en libertad dentro del molde establecido por el autor. Es el momento de introducir un nuevo e importante concepto: EL SUPEROBJETIVO. Lo explicamos en el siguiente apartado.

2d) Superobjetivos

Hemos hablado mucho de objetivos: objetivo en las escenas, objetivo de los personajes para conseguir el Deseo tras superar los obstáculos que encuentran en su camino, objetivos de las frases para provocar en la otra persona alguna reacción específica. Ahora le toca el turno al *superobjetivo*. Stanislavsky lo define como la idea esencial de toda la obra, la espina dorsal, el pulso, el tema de la obra. Podríamos decir que es la premisa o "lema" de la obra, es decir, lo que ha empujado al autor para escribir la obra. ¿Qué quiere decir? ¿Qué observación sobre el ser humano quiere comunicar? Por ejemplo: en *Otelo*, los celos destruyen al ser amado y a uno mismo; en *Romeo y Julieta*, "el amor vence al odio" (Stanislavsky). Cada detalle, cada pausa, cada pensamiento, cada acción, deben estar relacionados, dirigidos hacia esa meta: EL SUPEROBJETIVO.

Pero existe también el superobjetivo del personaje. Sería el estímulo más potente que ayudará a despertar la vida interior del actor y del personaje. Para mí, la pregunta que debes hacerte es: Después del telón final, ¿qué va a pasar con el personaje?, ¿hacia dónde se dirigirá? Si la obra consta de tres actos estudiaremos un hipotético cuarto. Un acto final no escrito por el autor, escrito por nuestra imaginación. ¿Cuál sería el sueño ideal de realización de cada personaje? Si toda la acción se resolviera favorablemente, ¿qué desearía mi personaje llegar a ser?: la gran meta de su vida.

Para las personas idealistas la contestación es fácil, ya que dedican su vida a la consecución de su ideal, pero para la mayoría de los seres es más confuso, necesitarían una buena reflexión para contestar esta pregunta. Nosotros se la aplicamos a cada personaje de la obra.

Por ejemplo:

Heredarás el viento: El objetivo de Raquel en la escena es evitar el juicio, que Bert claudique como prueba de amor hacia ella. Su superobjetivo es conseguir el hogar ideal para los dos, para sus hijos. Poder ver a Bert con un gran puesto en el Instituto. Para Bert el objetivo en la escena es que Raquel siga amándole, a pesar de las diferencias que hay entre ellos. Su superobjetivo sería ver a una Raquel libre de la influencia de su padre y de su estricta educación, capaz de pensar por ella misma. (Quizá un superobjetivo de Bert podría ser su deseo de ver destruido al padre de Raquel y todo lo que él representa). Respecto a la obra en general, el objetivo de Bert es cambiar la ley que impide a la gente pensar por ella misma, el superobjetivo en la obra sería conseguir un mundo mejor para todos.

Rocco y sus hermanos: Nadia tiene como objetivo seguir juntos. Su superobjetivo final, quizá no consciente, sería su revancha, destruir a todos incluso a ella misma. El objetivo de Rocco en la escena es conseguir que Nadia vuelva con Simón. Su superobjetivo ver a toda la familia otra vez unida y feliz.

Esperando al zurdo: El objetivo de Edna es conseguir comida para sus hijos, unir las fuerzas de todos en una huelga. Su objetivo inconsciente es probar que Joe es un hombre sin miedo, el que ella conoció y no verse obligada a dejarle. Su superobjetivo conseguir una vida digna para ella y su familia. El objetivo de Joe es que Edna deje de acuciarle. Su superobjetivo, conseguir el respeto de toda su familia, inconscientemente, volver a ser un niño y sentirse sin responsabilidades.

2e) Intenciones.

Llamamos *intención* a la fuerza que conduce una frase. Su "para qué". ¿Qué quiero despertar en la otra u otras personas con mi frase? Es el objetivo concreto de esta frase. ¿Qué quiero conseguir con ella? ¿Qué quiero comunicar? ¿Qué quiero esconder?

Diferencia lo que es *el subtexto* (suma de circunstancias que hemos elegido para la escena y en las que está inmersa no sólo la frase, sino la situación y el personaje) y la *intención* que es activa y concreta para esa frase nada más.

Muchas veces no hemos sabido explicar con profundidad la relación y, sobre todo, la enorme diferencia que existe entre el subtexto y las intenciones. Muchos actores y muchos directores caen en el siguiente problema: querer comunicar, en general, todo el complejo y profundo mundo del subtexto mediante las intenciones concretas. El resultado es una tensión violenta que retuerce las frases neutralizándolas e impidiendo al actor concentrarse en el momento que está viviendo el personaje. La parte del subtexto que necesitemos comunicar, y nunca es su totalidad, tiene muchos medios, no sólo las intenciones, para hacerlo: las propias frases, los comportamientos, los silencios, las emociones, los ritmos, los movimientos, etc, apoya el texto, como hemos dicho y se estudia para que las intenciones elegidas sean justificadas, pero nunca debe obstruir la limpia y concreta de todas y cada una de las intenciones. Estas deben ser claras, lo más sencillas para el actor, ya que es un arma de que dispone el personaje para comunicar, por medio de la frase correspondiente, lo que necesita que los demás reciban. Cuanto más compliquemos las intenciones, más dificultades nos encontraremos al interpretar, cuanto más ampliemos y profundizamos el subtexto más enriqueceremos el personaje y, por consiguiente, la obra. Todo nuestro esfuerzo debe encaminarse a conseguir un rico y complejo subtexto que nos ayude a elegir las más directas y sencillas intenciones.

Estamos ya en un proceso que nos lleva hacia los ensayos, en el que es determinante la elección de intenciones para la formación final del personaje y, por consecuencia, de la obra completa. Pero por ahora vamos a considerarlo una etapa más de ejercicios para conocer las inmensas posibilidades de juego que te ofrece. Sin olvidar nunca la estructura interior de la escena, es decir: ¿Qué quiero conseguir y qué Relación Emocional y Social me une con la otra persona?, vamos a ver qué variaciones podemos hacer con las intenciones y cómo influyen en tu comportamiento.

Si utilizamos *Invitados a cenar*, por ejemplo, para la frase del Protagonista "—¡Voy a salir de esta casa, ahora mismo!", elegimos que éste o ésta quiera comunicar a su pareja que realmente se va a marchar. Apoyamos esta intención con un movimiento hacia la puerta. Puede que sea un "farol" y el Antagonista lo adivine o puede que sea verdad. Depende de lo que éste capte, así será su reacción. Podemos elegir, usando la misma frase, que quiera comunicar una amenaza. O: "—no tengo otro remedio, no me dejas otra salida". O comunicar, por estrategia, que al Antagonista no le importa nada que se vaya. (Si sale, cierra la puerta. A solas fuera, después de pensarlo tendría que volver. No porque tenga más texto, sino porque no ha conseguido su objetivo.) Y así muchas más posibilidades.

Como verás, la elección final dependerá del carácter del personaje y de la propia obra; para eso están los ensayos. De momento lo que nos importa, en primer lugar, es que aprendas a utilizar las intenciones y las comuniques de una manera clara para que las frases no se vayan fuera de contexto y tengan una dirección y una energía propia que está directamente relacionada con tu objetivo. Y, en segundo lugar, que aprendas a recibir las intenciones de los otros y a reaccionar dentro del carácter de tu personaje.

2f) Ejemplo de TRABAJO DE MESA: búsqueda de otro posible subtexto a la escena de "Tres Hermanas", de Antón Chéjov.

Supongamos que, en un ensayo imaginario, nos disponemos a hacer lo que llamamos "Trabajo de Mesa", un estudio de posibles subtextos para llegar a definir una lectura de la escena y elegir intenciones. Ya hemos estudiado, analizado juntos la escena en la 2ª etapa (págs.

138-139). Ya hemos hecho ejercicios según el esquema que ya explicamos. Ahora vamos a explorar distintas posibilidades; vamos a probar nuevos valores, sentidos, estrategias... ideados por el Director. El propósito es buscar y justificar una interpretación que evite, sin traicionar al autor, la clásica y tópica de Olga/Natasha como la buena/la mala, el ángel/el demonio, lo blanco/lo negro. Maniqueísmos lejanos al espíritu de Chéjov.

LO ACORDADO:

OBJETIVOS de Natasha, aquí y ahora:

1) Los refugiados, fuera: que no pasen la noche en casa.
2) Anfisa, a la aldea.
3) Olga, Directora del Instituto; yo, con las llaves de la casa.
4) (secreta) Provocar pelea: que Olga discuta conmigo, hacerle gritar.

OBJETIVOS de Olga:

1) Los refugiados, bajo nuestro techo, esta noche.
2) Anfisa aquí, en casa, hasta que se muera.
3) Renuncio, absolutamente, a ser Directora.
4) (secreta) Debo esconder mi debilidad, frente a la fuerza brutal de Natasha. Firme pero *sin discutir.*

SUPEROBJETIVO de Natasha: dueña absoluta de la casa; (secreto) con las tres hermanas fuera de ella.

SUPEROBJETIVO de Olga: mantener el *statu quo,* hasta que nos marchemos a Moscú.

SUPEROBJETIVO del Director de la escena: ante los dos espíritus tan distintos que entran en colisión, ¿cómo demostrar que cada uno tiene *sus* razones, *sus* virtudes y *sus* defectos y llegar a una conciliación, sin tomar partido? Prisioneras y víctimas.

CIRCUNSTANCIAS DADAS: Son las dos de la madrugada. Por culpa del incendio, todas están cansadísimas, con los nervios a flor de piel (ESTADO DE ANIMO). Olga y Anfisa están preparando mantas y ropa para los refugiados (ACTIVIDAD).

RAZON PARA ENTRAR de Natasha (varias posibilidades):
1) Buscar a Andrei, para que éste insista en que los refugiados se vayan a dormir a otro sitio.
2) Anunciar su idea de formar un "Comité Pro-Damnificados", con ella misma como Presidenta.
3) Demostrar de una vez para siempre su derecho a penetrar en este último recinto de las hermanas... Romper la barrera simbólica, la ley no escrita de que este dormitorio está fuera de su territorio. El lugar tiene importancia especial, ya que representa la última victoria de Natasha sobre las hermanas.

ACCION:
Natasha echa a Anfisa. Olga, asustada, paralizada por la sorpresa. Confusa de verdad.

TEXTO (las intenciones irán marcadas con un asterisco):

Natasha.— ... (*A lo hecho, pecho) ES UNA CAMPESINA, TIENE QUE VIVIR EN LA ALDEA...

(*Director*: Reacción tardía de Olga... culpa por no haber intervenido. "Debo ir a consolar a Anfisa... asegurarle... Pero todo menos un enfrentamiento con esta Natasha tan astuta, tan fuerte, tan bestia! ¡Esta noche no!" Y sigue la táctica del avestruz: se deja caer en una silla, tal vez hasta finge un mareo... cualquier cosa con tal de evitar una bronca...)

(*Natasha*: —subtexto, diálogo interior— "¿Tal vez he ido demasiado lejos? Cuidado, tengo que recordar que mi poder en esta casa no es total, todavía. Olga sigue siendo la dueña oficial, ¡tiene las llaves! Es absolutamente injusto, sí. Mi poder es sólo indirecto, y me viene de este inútil y abúlico marido que me he echado: ¿Catedrático en la Universidad de Moscú? ¡Pero si da risa! ¡Todo el santo día encerrado en su cuarto, tocando el violín! ¡Claro que voy a ponerle los cuernos! Protopopov, ¡eso sí que es un hombre!... Paciencia... hay que seguir luchando.")

(*Director*: Y cambia totalmente su táctica. Caricias... besitos... lo que es casi peor para Olga.)

Natasha.— ... (*Acaricia la mejilla de Olga) ¡ESTAS CANSADA, POBRECILLA! ¡SE HA CANSADO NUESTRA DIRECTORA!

(*Director*: *Comedia de "terror" frente a la "futura Directora".)

Natasha.— ... CUANDO MI SOFOCHKA CREZCA Y VAYA AL INSTITUTO TE VOY A TENER MIEDO.

(*Director*: *Olga reacciona violentamente.)

Olga.— NO SERE DIRECTORA.

Natasha.— TE ELEGIRAN, OLIECHKA. ESO ESTA DECIDIDO. .

Olga.— (*Vigorosamente. Sube el tono) !RENUNCIARE! ("¡Otra vez ha podido ella conmigo! ¿Por qué resulto tan impotente frente a esta grosera apisonadora?

¡*Contrataque*! Pero con control... control, con más control...")

(*Director*: *Olga se siente incapaz de resistir más indirectas)

TE ACABAS DE PORTAR TAN GROSERAMENTE CON EL AMA... PERDONA, NO ESTOY EN CONDICIONES DE SOPORTARLO... SE ME HA NUBLADO LA VISTA... (Bebe agua)

(*Director*: Con lágrimas, ¿de pena?, ¿de rabia?, ¿de frustración?, ¿de impotencia? Olga exagera, con *intención de humillar. Como si estuviera dando una severa lección a una torpe alumna de colegio. Se equivoca. Porque Natasha no es ya la tímida pretendiente, la torpe y cursi chiquilla del Primer Acto que anhelaba de forma casi ridícula ser como ellas, que pretendía, imitándolas, entrar a formar parte de su 'elite'. Ahora vive aquí, es la mujer del hermano y madre de su hijo. Han cambiado los papeles.)

(*Natasha*: "... Ahora soy yo la 'elite'... el futuro soy yo! Y estoy orgullosa de mí, sí, porque todo lo que tengo lo he conseguido luchando con mi propias manos. Muy bonita toda tu educación, tus idiomas, modales y finuras... tu preciosa dignidad. Yo no he heredado esos lujos de mis antepasados ¡Ni falta que me hacen! Sois unas ilusas, neurasténicas, final de raza, incapaces de luchar, que estáis llevando la casa a la bancarrota! Menos mal que estoy tomando las riendas. ¡Que se bajen esos humos! Esta Olga, ¿qué posee? (aparte de las condenadas llaves) Nunca ha tenido novio... ni amante... No sabe, ni sabrá nunca, lo que es tener un hijo, parirlo, criarlo. Es una solterona, porque también se habría quedado soltera en cualquier otro sitio, ¡hasta en Moscú!. Una solterona... pobrecita.")

(*Director*: * (¿se permite un poco de compasión? Sí, pero nada de sarcasmo)

Natasha.— PERDONA, OLIA, PERDONA... YO NO QUERIA AFLIGIRTE...

Olga.— ("¿Me compadece... ¡Natasha!, ¡a mí!?") (*Indirectas sarcásticas) COMPRENDELO, QUERIDA... QUIZAS ESTEMOS EDUCADOS DE UN MODO EXTRAÑO...

(*Director*: ¿Hipocresía? Olga no es una santa, y no puede resistirse a machacarle el abismo cultural que las separa. Gran pequeñez, que Natasha utiliza. *Una sonrisa provocativa...)

(*Natasha*: "¡¿Tan sabionda?! ¡Ja! No hay más que mostrarle el anzuelo y ¡zas!")

Olga.— (*Sube el tono) ESA MANERA DE TRATAR A LA GENTE ME DEPRIME, ¡ME PONE ENFERMA! (*Acusación. Desaparece todo control. Grita) ¡ME DESAMINA!

Natasha.— ("¡Vaya tanto!" Y hace *la comedia de postrarse, una parodia con tantos 'perdona', jugandoooo-con-la-palabrita...)

PERDONA... PERDONA... PERDONAAA...

(*Director*: Y Olga está a punto de devolverle la pelota. Por ejemplo: "¡Eres tú la que tienes mentalidad de campesina y no Anfisa! ¡Eres tú la que has estropeado a mi hermano y enturbiado el ambiente tan bello de esta casa! ¡Cursi arribista! ¡Patán! ¡Zorra! ¡No! ¡Olga! ¡No! ¡Control! Control... control..." Y la sensibilidad de Olga reconoce que en algo ella ha merecido la comedia de Natasha.)

(*Olga*: "Fue absurdo e innecesario recordarle nuestras diferencias abismales de educación y cultura... ha crecido en una familia de pobres mercachifles... Sí... sí... fue un golpe bajo, indigno de mí. Debo pedirle perdón... ¡No! ¡No! ¡Esta palabra, no!") (Pero *el empuje de su subtexto le traiciona)

Olga.— CUALQUIER COSA (*disminuyendo de

tono, voz y fuerza) LA MAS PEQUEÑA GROSERIA... UNA... PALABRA... DESCORTES... (*Sensación de un motor que se ha quedado sin gas)... ME... TURBA... (*Termina casi sin voz, algo avergonzada. llorando)

(Natasha está ganando, pero su victoria empieza a parecerle algo pírrica... hasta se arrepiente de la comedia anterior)

(*Director*: El resultado que me gustaría ver nacer por P-S-P, PROCESOS-SUBTEXTOS-PARALELOS, es que por primera vez estas dos cuñadas-enemigas, condenadas a vivir bajo el mismo techo, empiezan a tratar de ponerse cada una en el sitio de la otra... a buscar una salida...)

Natasha.— ("A veces soy una bestia, lo sé. Pero, ¡esta maldita... ! ¡Una criada que ni siquiera se pone de pie en mi presencia! No se puede permitir esto. Conozco muy bien a las criadas. 'Denles un clavo y se tomarán toda la casa'. Pero...") (*Nuevo tono. Menos desafío.) MUCHAS VECES DIGO COSAS DE MAS, ES CIERTO.

(*Director*: *Menos enfado. *Más realista —que es el fuerte de Natasha—) (Clima para hacer posible un diálogo de verdad, no de sordos.)

Natasha.— PERO HAS DE RECONOCERLO, QUERIDA. (*Y, esta vez, "querida" suena más sincero). PODRIA VIVIR EN LA ALDEA, ("entre los suyos, otros jubilados en circunstancias parecidas...") (*Más esfuerzo por comunicar su postura, en vez de empeñarse en destruir las de la otra.)

(*Director*: *Olga, al oír el nuevo tono, deja de dogmatizar y comienza a preguntarse. Es decir, *está empezando a funcionar *LA SABIDURIA DE LA DUDA. *Mutación interior.*)

Olga.— HACE YA TREINTA AÑOS QUE ESTA

EN NUESTRA CASA. ("con agua caliente, baños, ropa limpia, calefacción... compartiendo nuestra comida... con cama propia, en vez de tener que dormir en el suelo...")

Natasha.— PERO SI AHORA NO PUEDE TRABAJAR. (*Esto lo dice *todo* para Natasha) ("No soy estúpida. Eres tú la profesora. *¡Ayúdame!") O SOY YO LA QUE NO ENTIENDO O ERES TU LA QUE NO QUIERE ENTENDERME. ES INCAPAZ DE TRABAJAR. SOLO DUERME Y COME.

Olga.— (*Reflejo. ¿Cómo no? Sin sarcasmo) PUES QUE SIGA ASI. ("Es lógico, ¿no? Sus treinta años de servir le dan derecho a hacer lo poco o lo nada que pueda, ¿no? Aquí, entre nosotros. En su familia. Es nuestra sagrada obligación...")

(*Director*: Fíjate en la palabra "nuestra" de su diálogo interior. Empiezan a pensar en términos de "nuestra" —Olga y Natasha. Algo nuevo, ¿verdad? ¿Pequeña traición del subconsciente?)

Natasha.— (*Frustración. Incomprensión) ¿COMO QUE SIGA ASI? PERO SI ES UNA CRIADA. (El autor pide "con lágrimas en los ojos")

(*Director*: ¡Algo de la manera de decir, de repetir la palabra "criada" le suena a Olga como si Natasha estuviera hablando de un animal! Pero en vez de responder con algo así: "Anfisa es un ser humano. ¡La bestia eres tú!", como hace unos minutos, ahora lo toma como una prueba más del abismo que las separa. "¿Barrera infranqueable?")

(*Natasha*: "Una criada incapaz de trabajar no puede seguir en el servicio de una casa organizada como Dios manda. ¡Es un mal ejemplo! ¿Y las otras criadas van a tener que cargar con el trabajo de ésta? Eso sí que *me parece* injusto, ¿no? También tenemos obligaciones sagradas hacia las otras, ¿o no?")

(*Director*: Ahora es a Natasha a la que se le escapa una expresión nueva: "me parece")

Natasha.— (*Realista otra vez. Su propia lógica) NO TE COMPRENDO, OLIA, TENGO UN AMA, UNA NODRIZA. TENEMOS DONCELLA, COCINERA, ¿PARA QUE NECESITAMOS A ESA VIEJA?

(*Director*: Olga también llora por su impotencia, su incapacidad para comunicar, sin condescender, lo que significa llevar "sangre azul" en las venas. "Nobleza obliga")

(*Olga*: "Soy aristócrata, profesora: mi inteligencia y mi superior cultura me obligan a ir más allá de la mitad del camino que hay entre nosotras, ¿no? ¿Por qué no he podido penetrar y corregir sus prejuicios? ¡Ah! ¿Y *mis* prejuicios?")

(*Director*: Pero todavía queda algo en Olga que le tienta devolver la pelota.)

(*Olga*: "Tú me preguntas que para qué necesitamos a Anfisa, ¿no? ¿he oído bien? ¡Pues para todo! Además, no tengo que dar explicaciones a nadie. ¡Y menos a ti! Si después de estar tres años en esta casa todavía no aprecias lo que es una Anfisa, ¡allá tú! Pero ante la nueva DUDA tiene que admitir que Natasha está haciendo un verdadero esfuerzo por escuchar y entender. "Entonces ¿soy yo la incapacitada? ¿Yo la equivocada?, ¿la cerrada de mollera? ¿Ha cambiado tanto el mundo? ¿Y en el nuevo mundo mandarán las Natashas?" [*Esta mutación de Olga va llenando una larga pausa.] "¿Qué hacer? ¿Cómo hacerlo? No sé. La verdad, no sé. Es demasiado para mí." Y vuelta a la avestruz. Va a la ventana... pretende volver a arreglar mantas...)

(*Director*: Pero Natasha llorando no de rabia sino de *frustración le persigue)

Natasha.— ¿¿PARA QUE??

(*Olga*: "(Una fuerza irresistible ha topado con un

objeto inmóvil? ¡No! No lo admito. Hay que dejar de culpar. Son dos anhelos distintos que hay que respetar. Llegar a un 'modus vivendi', a un toma y daca. Voluntad, Olga, ¡voluntad! Si no hay puente posible por aquí, marcha atrás y por otro camino. ¡No somos niñas!")

(*Director*: Algo nuevo ha nacido en Olga. ¡Persíguelo!)

(P-S-P, proceso-subtexto-paralelo, en Natasha. También a ella le está ayudando la sabiduría de la DUDA. Ya no busca enfrentamiento)

(*Natasha*: "Mientras estemos condenadas a convivir bajo el mismo techo, tenemos que encontrar la manera de evitar fricciones. No he perdido, pero tampoco he ganado. ¿Es un empate exactamente?")

(*Director*: Está naciendo una nueva PERCEPCION del conflicto. Sin vencedores ni vencidos. Las dos están creciendo como seres humanos. Son dos mujeres, ni santas ni demonios, que van aclarando un problema, reconociendo que las circunstancias, no ellas, tienen la culpa. Nuevas dudas, sanas, hacen que Olga se pregunte:)

(*Olga*: "¿Será mi pasividad la que ha producido esta inercia que me devora? ¿Una llamada a la acción? ¿Qué acción?")

(*Director*: La de 'volver a Moscú' ya suena ilusorio. Empieza a reconocer que hay algo admirable en la fuerza de Natasha, fuerza de la que ella carece. Si Natasha es tan fuerte y ella tan débil, ¿no es Natasha la que debe ganar? Olga es la que va cambiando más. Sus dudas son mayores y su comprensión del conflicto, más profunda. ¿Más justa? No sólo su relación emocional con Natasha está cambiando, sino la propia consigo misma... y con sus hermanos... y con Moscú... ¿con el mundo también? Olga, según esta nueva lectura, está evolucionando. Esta "semilla" que hemos descubierto en su interior nos ayudará a justificar una nueva Olga en el Cuarto Acto.)

(FUERA SE OYE LA ALARMA) (Su repentino sonido las pilla *—"¡Vaya nochecita!"— desprevenidas, agotadas física y emocionalmente; *de puro susto, se abrazan; *después se miran y entonces, por primera vez, se sonríen.)

(*Director*: ¿Solución? No. Ridículo pensarlo. Pero capaces de sonreír en esta sorprendente media-vuelta. ¿Quién iba a preverla hace quince minutos? El empate-acercamiento ha despertado en ellas una reacción humana. Lo que no resuelve el problema; pero sí deja mucho más claro el problema por resolver.)

Olga.— (entre *risas y *lágrimas) ¡ESTA NOCHE HE ENVEJECIDO DIEZ AÑOS!

Natasha.— (Sin una gota del desafío de antes. *Muy sincera) TENEMOS QUE PONERNOS DE ACUERDO, OLIA, TU EN EL INSTITUTO Y YO EN CASA. Y SI YO DIGO ALGO ACERCA DE LA CRIADA SIGNIFICA QUE SE LO DIGO. (Y, de repente, *toda su impotencia se dirige de rebote contra Anfisa. *Nueva explosión... *descarga-vómito contra la criada. *Abre la puerta y *grita en la dirección adonde ha desaparecido Anfisa) Y QUE MAÑANA MISMO NO ESTE AQUI ESA VIEJA LADRONA... ESA BRUJA... ¡PROHIBIDO SE ME IRRITE! *(Portazo)*

(*Olga*, al volver Natasha hacia ella, la recibe con una *sonrisa comprensiva: "'Genio y figura hasta la sepultura'. No vas a cambiar nunca. No puedes. Así es tu naturaleza. ¡Vaya fenómeno estás hecha! ¡Impresionante!")

(*Director*: Al captar la sonrisa comprensiva de Olga, la pericia de Natasha vuelve a funcionar.)

(*Natasha*: "Qué inconsecuencia la mía, llamar a esta... Anfisa ladrona, bruja y qué sé yo. ¡Qué idiotez! ¡Anfisa puede conmigo!¡No hay nada que hacer! Bueno, al menos hay que darle las gracias a este "tábano" que ha causado este empate-acercamiento. ¡Milagro! Es un secreto, ¿eh?")

(*Director*:... *¡Pero casi se lo dice a Olga! Date cuenta de que es la primera vez que se refiere a la criada por su nombre.)

(Una de las actrices pregunta: ¿Cómo justificar que no digan en voz alta todos estos P-S-P, procesos-subtextos-paralelos que están produciendo una metamorfosis tan grande?

(*Director*: Por ejemplo, en lo que atañe a Natasha: le gustaría compartir estos pensamientos, que son un verdadero descubrimiento para ella, pero sabe que el verdadero problema no está resuelto... : "Suavizado, sí. Seguro. Pero toda la casa está en contra mía. Siempre ha sido así. Y tampoco espero que ellas cambien. Sólo que me dejarán libre para proteger lo que es mío. Porque la casa es mía también. Y está a punto de derrumbarse. Sí... sí. Y mientras vivamos bajo el mismo techo, no me atrevo a ofrecer armas que podrían utilizarse contra mí en el futuro. ¡Y no me hables de jugar limpio! Soy una tigresa cuando se trata de mis cachorros. Es la ley de la selva: ¡comer o ser comido!..." Además, no hay que olvidar que no es ésta la cuestión, comunicarle al público la mayor parte de estos P-S-P. *Su valor principal está en la dimensión que dan al personaje.*)

Natasha.— (*casi tomándose el pelo a sí misma) CLARO QUE SI NO TE CAMBIAS AL PISO DE ABAJO, VAMOS A REGAÑAR SIEMPRE. ES HORRIBLE.

(ENTRA KULIGUIN)

Kuliguin.— ¿DONDE ESTA MASHA?

(*Director*: Interesante preguntarse: ¿Si Kuliguin no hubiera entrado en este momento, habría sido posible un mayor acercamiento? Creo que sí. Y en un futuro ensayo, arreglaría una improvisación de esta posibilidad. Además, el autor viene a ayudarnos. Al llegar Chiebutykin borracho, Chéjov pide en sus acotaciones que Olga y Natasha se escondan *juntas* al fondo de la habitación: y después, durante el monólogo patético-cómico de aquél, que se escapen *juntas*, a hurtadillas, al pasillo. ¿Perseguirán su acercamiento fuera? ¿Cómo no? ¿Hasta llegar a una acuerdo concreto... *a pesar de*? ¿Concesiones de la nueva Olga? No tanto concesiones como un aceptar por su parte que las circunstancias han cambiado y es hora ya de adaptarse a ellas, lo que queda plasmado en ciertas decisiones, claramente justificadas en el texto, a mi juicio, cuando Olga vuelve al dormitorio más tarde. Incluso propondría a las actrices que las incorporasen en futuros ensayos. Por ejemplo, éstas:

1) Los refugiados se quedarán en casa esta noche y mañana se irán para albergarse en la iglesia.

2) Anfisa no va a la aldea. No. Pero en algo Natasha tiene razón: la mejor solución (la menos mala) es que Olga deje de luchar contra el Destino, que acepte ser Directora y se lleve consigo a Anfisa para vivir en el Instituto.

3) La fantasía-nostalgia de volver a Moscú se ha esfumado. (*Olga*: "Moscú está aquí, en casa... Moscú está dentro de mí. Es la Vida. ¡Simplemente, la VIDA!") (Después de años de abrazarse ciegamente a deseos imposibles, ha llegado la hora de aceptar y amar el reino de lo posible, por duro que sea. Algo así como: "¡Mi destino soy yo!")

4) Trata de convencer a Irina de que se case con el Barón.

(*Director*: Otro hecho significativo que ocurre tras la escena —lo relata el autor— indica cambios en ambas: "*Natasha ENTRA CON UNA VELA EN LA MANO Y EN SILENCIO CRUZA LA ESCENA DESDE LA PUERTA DERECHA A LA IZQUIERDA...*" (¿Ha venido buscando a Olga? ¿Los ignora a todos, por no hallarla a solas?) Después, Masha se mofa cruelmente de Natasha y la *nueva Olga le reprende:

Olga.— MASHA, ERES TONTA. TU ERES LA MAS TONTA DE LA FAMILIA. Y PERDONA, POR FAVOR...

(*Director*: * ¿Se le escapó la palabra "perdona"? ¿Un eco? ¿Otra traición subconsciente de su P-S-P? Interesante.)

En el Cuarto Acto, un año después, todo se cumple. Olga, ya Directora, vive en el Instituto con Anfisa: Natasha se queda dueña absoluta de la casa, con las hermanas fuera y Andréi exiliado al piso de abajo; Masha se niega a poner pie en la casa por estar dentro el odiado Protopopov; Irina se marcha para casarse con el Barón.

Ya es otra Olga. El puesto de Directora —para sorpresa suya— le va como anillo al dedo. Muy segura de sí, se mueve en el mundo político de la comunidad como pez en el agua. Una nueva y misteriosa fuerza ha nacido dentro de ella: tiene, entre los suyos, el carisma y la dignidad de una verdadera jefa espiritual. No queda en ella nada de la cursi moralista del Primer Acto: acepta —es la fuerza del destino— los amores de Natasha con Protopopov, como los de Masha con Vershinín; acepta también, y no culpa por ello a Natasha, el trágico malogro de su hermano Andréi. Se puede ver el embrión de una militante. El Instituto se está quedando pequeño. Ya mira más allá, hacia nuevos horizontes... Todo esto ayuda a justificar, hacer creíble la sombra de una futura talla heroica en ella, digna del desarrollo de *La Madre* de Gorki. El Director pide que las actrices lean un maravilloso cuento corto de Chéjov, *La novia*, que bien podría servir como Epílogo, Quinto y Sexto Acto de esta obra: indica otro futuro de Olga, posible también en esta interpretación. Esto que he explicado no es otra cosa que el proceso de Olga, el cual lleva consigo un nuevo SUPEROBJETIVO.

Al final, en el momento de máxima tensión, Natasha con Protopopov; Andréi, aniquilado; Masha, enloquecida por perder a Vershinín; e Irina, viuda antes de casarse... *Olga no se rinde frente a los desastres. *Elige la vida.

Olga.— NUESTRA VIDA NO HA TERMINADO... VAMOS A VIVIR...

(*Olga*: "A luchar por un futuro mejor... un mundo menos bello, pero más justo.")

¿Interpretación rebuscada? ¿Utópica? Puede ser. Estamos investigando. El Director insiste en que no es ilusorio esperar ver que funciona esta "lectura" del texto, la cual, a su juicio, no traiciona al autor. Al contrario, está muy de acuerdo con el espíritu optimista/pesimista/realista de Chéjov.

Este trabajo que hemos imaginado es muy delicado, ya que ir frase a frase puede llevarnos a perder la concentración y la idea de la escena en general (que es como perder de vista el bosque por fijarnos en los árboles). Por eso sería conveniente volver de nuevo al principio y dejar a las actrices pasar la escena entera, sin cortar, según las intenciones elegidas, escuchar la escena en movimiento, averiguar si vale la pena profundizar más en esta interpretación para llevarla a cabo en futuros ensayos. Ahora es el momento en que las actrices deben en casa, a solas, buscar sus propias justificaciones para hacer creíbles los nuevos sentidos, valores y objetivos... y esperar al siguiente ensayo para ver nacer, incorporada "orgánicamente", esta NUEVA PERCEPCION. Es una más entre las muchas posibilidades que merecen probarse. Cuando tengamos tiempo (esta es la suerte de un Laboratorio, ¡disponer de tiempo!), y siempre dentro de nuestra técnica, las buscaremos, ya sea en talleres de trabajo o en ensayos de montajes, procuraremos investigar esos otros sentidos, esas otras posibilidades. Siempre, a la vez, practicando y fijando la técnica —hasta el momento en que la técnica, como tal técnica, desaparece.

EPILOGO

No tomes este manual como un catecismo que tienes que seguir literal y pedantemente. Sólo aspira a indicar un buen camino.

Odio todo aquello que, por intolerante y dogmático, se opone al natural desarrollo de las ideas o a la libre, a la "orgánica", evolución de los sistemas.

Stanislavsky afirmaba que "LO *MEJOR* DE HOY NO ES SINO PRELUDIO DE LO *MEJOR* DE MAÑANA", y cambiaba continuamente e innovaba su sistema, como seguramente seguiría haciendo si viviera en nuestros días.

Todo el libro no es sino una "super-simplificación" de un proceso didáctico que exige semanas de atención para empezar a comprenderse, muchos meses de duro trabajo para conseguir llevarlo a la práctica, y años de ejercitación y uso para hacerlo propio. Y entonces, aprender del mejor maestro: el Público.

Así, idealmente, el buen alumno se hace actor. El buen actor, profesional. Y el buen profesional, un verdadero artista.

Con suerte este proceso durará toda la vida.

Indice de Nombres y Conceptos

Indice de materias